LA FONCTION PSY

DU MÊME AUTEUR

SUR LA PARAPSYCHOLOGIE :

Nos pouvoirs inconnus, 1961, éd. Planète (épuisé).
Certaines choses que je ne m'explique pas, 1976, éd. Retz
    (épuisé).
La parapsychologie : quand l'irrationnel rejoint la Science,
    1980, éd. Hachette, 1980 (trad. anglaise).

SUR LES PROBLÈMES BIOLOGIQUES :

La biologie de l'Esprit, éd. du Rocher, 1985.
Dieu des Fourmis, dieu des Étoiles, éd. du Pré aux Clercs,
    1988.
Une étrange passion, éd. du Pré aux Clercs, 1989.

Une trentaine d'autres ouvrages, plus spécialement des-
tinés aux étudiants et aux chercheurs, concernent la science
du comportement animal ou éthologie.
Enfin, cinq ouvrages de science-fiction dont les plus
récents sont parus aux éditions du Rocher :

Voyage outre terre, 1983.
Les Veilleurs du temps, 1984.

RÉMY CHAUVIN

LA FONCTION PSY

ROBERT LAFFONT

Couverture : photo Alfred Pasieka/
IMAGE BANK.

Prologue

« S'il est vrai, comme l'affirment de nombreux témoins dont il est difficile de suspecter la bonne foi, que l'organisme humain puisse développer, en certains cas, un magnétisme capable de soulever une table, comme c'est surtout par l'application de la volonté que ces phénomènes se produisent et que c'est à l'insu de leur propre organisme que ces personnes déploient une force motrice inconnue sur des objets extérieurs, il apparaît bien que l'énergie cérébrale rayonne loin de son foyer, il apparaît aussi que le moi peut exercer une action sur la matière sans recourir, au moins consciemment, à l'intermédiaire de l'organisme, qui n'est plus un instrument actif, mais un conducteur passif. Le phénomène de la double vue dans certains états hypnotiques spéciaux paraît démontré aujourd'hui. Il est permis à certains sujets de voir, de lire à travers une barrière qui pour nous est opaque... Ainsi le cerveau peut dépasser infiniment l'organisme : il peut rayonner, palpiter, agir bien en dehors de ses limites.

« Les savants spéciaux n'ont pu contrôler la transmission de pensée d'un sujet à un autre sujet sans l'intermédiaire de la parole. Elle est attestée cependant par des expérimentateurs nombreux... Il me semble qu'on n'étudie pas ces phénomènes dans un esprit suffisamment philosophique ou, pour parler plus exactement, métaphysique... ils attestent qu'il y a dans l'homme des puissances extraordinaires et inconnues, qui sont nulles ou à peu près dans son état normal, mais qui se manifestent dans certains états que nous appelons anormaux. Il y a en nous un moi inconnu qui peut exercer une action directe sur la matière, soulever par une volonté énergique un corps étranger comme s'il était son propre corps, percer du regard l'opacité d'un obstacle et recueillir à distance à travers l'espace la pensée inexprimée d'un autre moi... »

(Extrait de la thèse de Jean Jaurès,
« De la réalité du monde sensible »)

Introduction

C'est la brume, la pluie, la forêt et les feuilles
d'automne qui constituent mon univers d'enfant, celui
qui vous marque à jamais. Les routes désertes, le
silence du cœur, la bise des soirs d'hiver autour de la
vieille maison... Je suis essentiellement un fils de
l'Ouest battu des vents et de la Mayenne aux noirs
taillis : ils m'ont fait ce que je suis. Je me souviens
aussi de lointaines vacances sur la côte bretonne,
devant la mer verte que cinglent les embruns. Il y
avait un monastère bénédictin non loin de la côte; les
moines noirs très maigres et très gais se promenaient
parfois le long de la falaise et ne dédaignaient pas de
parler au gamin que j'étais. Et j'avais découvert dans
un grenier le *Dictionnaire de la Bible,* de Vigouroux,
en je ne sais combien de volumes. Je m'y plongeai;
je ne savais pas encore que je serais un homme de
science, mais je m'émerveillais de la religion des
Chaldéens et des Sumériens; il y avait quelques dessins représentant, je m'en souviens très bien, Naram-
Sin, roi d'Agadê, foulant au pied ses ennemis pendant
que les dieux Sin et Nannar, qui sont aussi des astres,
le protègent et le guident; et Lamgi-Mari, roi de Mari,
en posture de « kaunakès » adorant la déesse Ishtar.

Et tant d'autres... C'était un univers parfaitement inconnu; dans le grenier que battait la pluie, penché sur le Vigouroux poussiéreux, j'arrivais sans m'en douter à la conclusion qui allait guider toute ma vie, c'est qu'il existe beaucoup d'univers, en plus de celui que je venais de découvrir; qu'ils sont sans doute là, à portée de la main ou peut-être cachés dans un livre oublié, comme l'univers de Tlön, cher à Borges, et qui décrit « Tlön Ukbar Orbis tertius »; et ces autres univers, de l'existence desquels je n'ai jamais douté : je les ai cherchés toute ma vie, non pas seul, mais avec quelques amis. Les avons-nous trouvés? Oui et non; la quête, commencée au bord de la lande bretonne, ne s'achève qu'avec la vie, je l'ai compris peu à peu.

Comme tous les hommes, je ne sais pas bien pourquoi je suis comme je suis... Traumatismes légers de la première enfance, mais avec des suites imprévisibles, paroles qu'on vous a dites ou qu'on a oublié de vous dire, alors que vous aviez besoin de les entendre? Ou encore enfance solitaire qui me forçait à me réfugier en moi-même... Je ne saurais le dire. Mais je me souviens tout de même avec la plus grande clarté, d'un jour de Noël 1923; Noël assez triste d'ailleurs : ma mère était veuve, car mon père avait été un des premiers tués de la Grande Guerre. Nous vivions, mon frère et moi, à Laval, qui s'est maintenant transformée en une métropole bruissante d'activité, mais qui, à ce moment, n'était qu'une petite ville de province dans laquelle Balzac se serait retrouvé sans effort. Eugénie Grandet, je l'ai connue, en plusieurs exemplaires, et tous les acteurs de *la Comédie humaine,* figés dans leurs préjugés cruels; car dans la Mayenne de ce temps-là, nous n'étions pas tendres. Nous ne le sommes toujours pas. Les jours qui s'étirent interminablement, rythmés par les études, et par les cloches des innombrables couvents (je n'en ai jamais vu autant qu'à Laval en ce temps-là), si bien que l'évêque, n'arrivant pas à dormir, leur fit commandement de laisser se reposer les chrétiens au moins jusqu'à cinq heures du matin. Car en Mayenne, à six heures, et encore maintenant, tout le monde est debout et fort alerte...

C'était donc Noël. Un Noël qui allait décider de toute ma vie, mais je ne le savais pas encore. J'avais dix ans et ne goûtais qu'un seul plaisir, la lecture, et c'est pourquoi ma pauvre mère m'avait acheté deux livres de Jules Verne, *De la Terre à la Lune* et *Autour de la Lune*, après avoir, bien sûr, demandé au curé de sa paroisse si on n'y trouvait rien de contraire à la foi ou à la morale. Je me plongeai, je m'immergeai, je me noyai dedans. Il fallut me les arracher des mains pour me convaincre de prendre mon repas. Le soir même ils étaient lus entièrement, et j'étais devenu un homme, un homme de science. Ma vocation m'était apparue en traits de feu sans la moindre ambiguïté avec une certitude absolue. Certitude qui ne m'a jamais quitté, pas une seconde, jusqu'au jour béni où je revêtis la blouse blanche dans le labo où j'allais faire ma thèse. Je savais que j'étais fait pour cela. Il n'y avait ni crédits ni possibilités d'avenir et la Seconde Guerre mondiale était à nos portes. Mais le doute ne m'a pas effleuré, jamais! Je tentais des expériences parfois tout à fait folles, et c'est là que j'ai appris tout ce qu'on peut faire avec un fer à souder et une vieille boîte de conserve. J'étais heureux, heureux! tout seul dans le labo désert avec comme seuls bruits le claquement d'un thermostat et le ronronnement d'un moteur lointain.

Tout cela n'explique pas mon goût pour l'inconnu et le bizarre, bien que le seul choix de mon sujet de thèse montrait déjà une certaine perversité dans la direction de mes recherches.

En effet le professeur au Muséum auprès duquel j'avais été chercher mon sujet de thèse m'avait tenu ce langage :

– Monsieur, un savant russe a trouvé que les sauterelles des nuées de sauterelles sont vertes quand elles sont isolées et noires quand elles sont groupées, tâchez de savoir pourquoi!

Et je m'étais retrouvé devant le Muséum, sur le trottoir de la rue Buffon, lesté de ce seul bagage; mais ça ne m'avait pas découragé du tout... Tout de même, de là aux sciences sulfureuses, il y a une certaine distance. Et si je poursuis mon analyse il me semble que la raison de mes curiosités coupables je la trouve dans une certaine vision de l'univers qui doit être assez rare, car les quelques collègues auxquels j'en ai parlé m'ont regardé avec des yeux ronds. Voilà : je crois, mais croire est trop peu dire, *je sais* que l'univers recèle une énigme formidable, qui réside probablement dans le fait qu'il a une quantité infinie d'univers avec leurs règles d'interprétation propres; à moins que ces règles diverses appliquées à un même univers qui est le nôtre ne le transforment radicalement. Je ne dirais pas : l'univers est ce que nous voulons qu'il soit, mais ce n'est pas très loin de ma pensée; et tout cela est joint avec une sensation d'une force extrême, c'est que la clé de l'énigme est toute proche, à portée de la main : peut-être que dans huit jours ou dans une heure ou dans une minute, nous allons la découvrir, ou nous apercevoir que nous l'avions depuis longtemps. Alors, les sciences maudites détiennent peut-être une clé elles aussi, *sans que cela soit le moins du monde contradictoire* avec la science occidentale telle que nous la connaissons. Et c'est là, je crois, où je me sépare radicalement de la masse de mes confrères. Ils pensent tous en termes de contradiction : et moi, non. Ce doit être pour cela que nous ne pouvons pas nous entendre.

Mais, pendant très longtemps, ce goût pour l'étrange n'est guère apparu à l'extérieur. Parce que je ne l'avais pas pleinement reconnu. Et aussi et surtout parce qu'il était très dangereux de le faire apparaître. Dans ce milieu aux idées étroites qu'est l'Université, règne un conformisme étouffant. Je risquais ma carrière pour un mot de trop : et je n'avais pas le sou, impossible donc de tenter ma chance. Nous autres Normands avons acquis dans nos vertes prairies une sorte de prudence rusée qui nous est une seconde nature. Nous ne nous brisons pas le crâne contre un mur, nous essayons plutôt d'en faire le tour ou de passer par-dessus. Dans mon cas, cela consistait à attendre : j'attendis.

Pourquoi je pense ce que je pense

Et maintenant, je voudrais, en vous racontant ma propre histoire, vous emmener dans certains sentiers que j'ai fréquentés, aux frontières du possible et de la folie peut-être... A la suite de quelques-uns, j'ai observé plusieurs aspects effarants du réel. Je crains que des lecteurs découragés ne laissent tomber ce livre en haussant les épaules. « Encore un homme de science dont l'esprit s'est égaré », soupireront-ils.

Qu'on me laisse plaider ma cause. Les phénomènes psychiques qu'on range sous le nom de parapsychologie (bien que beaucoup préfèrent psychotronique, psilogie ou encore anomalistique, pour échapper au premier terme, déshonoré par les charlatans) posent à l'esprit non informé le problème des limites de la science et du bon sens. Quand on les fréquente de près, toutes nos certitudes paraissent s'écrouler, et il est vrai, comme je viens de le dire, que le visage obscur de la folie apparaît parfois au détour du chemin : certains de ces phénomènes sont en effet dangereux pour l'équilibre mental, et il faut en réserver l'étude aux expérimentateurs très avertis.

Mais le réel est-il ce que nous croyons, ou ce que nous avons cru jusqu'à maintenant? N'a-t-il pas une autre face (ou une infinité d'autres)? Avons-nous prêté suffisamment d'attention au troublant mystère qui nous environne?

Le problème central : la conscience

Le plus grand mystère n'est-il pas au-dedans de nous-mêmes? Et d'abord, le seul phénomène dont nous ayons connaissance, c'est la conscience, le plus étonnant, le plus indéfinissable et le plus fondamental de tous les phénomènes. Lorsque j'entends Changeux, éminent spécialiste de la neurophysiologie, déclarer que les images mentales se ramènent aux connexions neuronales et qu'il n'y a plus besoin de parler d'esprit ni de conscience, je me demande comment un savant incontestable peut écrire des phrases qui feraient refuser au baccalauréat un élève de terminale, à cause de leur insondable naïveté. Comment peut-on confondre ainsi tous les registres?

Je veux bien qu'il y ait quelque chose de suprêmement inquiétant dans le fait que nous savons tous ce qu'est la conscience sans pouvoir l'exprimer par des mots. L'étonnement devant cet état de fait est fort ancien, Descartes et Leibniz en ont donné des expressions saisissantes; et bien des philosophes croyaient, à cause de cela, que la conscience n'appartenait pas à l'Univers matériel...

Les physiciens, sur ce point, sont beaucoup moins naïfs et plus précis que les biologistes : les physiciens des quanta en particulier savent très bien que l'acte de la mesure qui fonde la physique est un acte de conscience, et certains n'hésitent pas à écrire que le phénomène premier n'est pas le fait physique, mais

la conscience. Nous voilà loin de la « conscience épi-
phénomène », voltigeant sans conséquence à la surface
des faits sérieux. C'est à partir de réflexions très
simples comme celles-ci (que je ne suis nullement le
premier à énoncer) que je me suis forgé une philosophie goguenarde, d'un scepticisme revigorant. Voilà
tout d'un coup la conscience remise au premier plan
par les physiciens, tout en restant honnie par les
biologistes (mais ils sont toujours en retard). C'est une
volte-face sensationnelle par rapport à la physique du
XIXᵉ siècle, comme je l'ai dit. Mais alors, il ne faut
peut-être pas s'incliner avec trop de respect devant
les théories scientifiques à la mode? Car en sciences,
comme dans la haute couture, les modes ne sont point
éternelles. Un monde où la conscience est un phénomène à nouveau respectable, et peut-être le plus important de tous, ne peut avoir rien de commun avec le
monde des rationalistes racornis, héritage calamiteux
du XIXᵉ siècle? Tous ces principes bien durs et bien
empesés qui interdisent de considérer certains phénomènes parce que « non scientifiques », voilà qu'ils
ont piteuse tournure tout à coup?

Les physiciens des quanta vont plus loin : certains
avancent sérieusement que c'est l'acte de mesure qui
d'une certaine façon détermine l'univers à être ce qu'il
est. Attachons nos ceintures et tentons de les suivre
un moment.

La dernière révolution scientifique

A quel point la science a changé!... Ce n'est pas
un changement, c'est une véritable révolution; je dirai
en peu de mots que le vieux matérialisme mécaniste

fait figure de vestige archéologique; à l'heure actuelle, lorsqu'un tenant de cette manière de penser, généralement d'un âge vénérable, la défend en public, il ne suscite même pas la controverse mais des sourires. Tout vient de la physique [1]. Ce n'est plus du tout la même qu'au début du siècle.

Il serait trop long d'expliquer pourquoi. Et comment les conceptions de la physique ont radicalement changé : ce n'est pas de ma compétence. Qu'il me suffise de rappeler Einstein et sa relativité, qui ne fut pas le premier craquement, mais constitua un changement déterminant dans l'édifice de la physique classique. Ce changement s'exerce à des échelons subtils : supposons, par exemple, que nous décidions d'effectuer une mesure comme celle de la vitesse d'une automobile : pour cela nous pouvons nous servir du radar des gendarmes. L'appareil envoie une onde sur le véhicule et cette onde fait écho sur le mobile; en évaluant (automatiquement) au bout de combien de temps l'écho revient sur l'appareil émetteur, on peut avoir idée de sa vitesse. Et, bien entendu, le faisceau radar n'a aucune action mesurable sur l'automobile : il ne le pousse pas en avant, par exemple.

Le pousser en avant? voilà une supposition absurde, direz-vous : où prenez-vous de pareilles balivernes? Eh bien, supposons que l'automobile se réduise à des

---

1. Je ne saurais trop recommander la lecture du livre d'Ortoli et Pharabod, *Le Cantique des Quantiques,* dont le seul titre est une trouvaille (Éditions La Découverte, 1984). De l'avis de tous les physiciens, c'est un chef-d'œuvre de vulgarisation. Toute la physique quantique sans une seule équation, c'est une prouesse!... Je préviens toutefois le lecteur imprudent que s'il met le nez dedans, il va sentir le sol se dérober sous ses pas...

18

dimensions microscopiques, et, moins encore, aux dimensions d'une particule élémentaire. Et supposons que je veuille mesurer sa vitesse. Je ne puis le faire qu'à l'aide d'un agent physique qui sera une radiation que je lui enverrai; ou quelque chose d'analogue : mais dans ce cas, la radiation pousse en avant l'automobile. L'instrument de mesure n'est plus neutre. D'où il ressort qu'on ne peut mesurer à la fois la position et la vitesse d'une particule, car si on veut mesurer la vitesse, on perturbe la position et si on mesure la position, on perturbe la vitesse : c'est le fameux principe d'incertitude du célèbre Heisenberg.

Ainsi donc, ce qui est maintenant à la base de l'univers, ce n'est plus la certitude et le déterminisme, c'est l'incertitude et l'indéterminisme. Mais la situation est pire encore, ou plus drôle, suivant ce que vous préférez.

Nous nous sommes habitués à considérer l'atome comme un noyau entouré d'électrons qui tournent en orbite autour du noyau; et la plupart d'entre nous en ont formé une image visuelle : le noyau c'est une grosse bille, autour de laquelle tournent des billes plus petites : en quelque sorte comme le soleil entouré de ses planètes. Or il n'existe rien de tel.

Pour le comprendre il faut se reporter à une autre révolution de la physique, qui est venue de l'étude de la lumière et, entre autres, de l'effet photoélectrique. Nous savons tous ce que fait une cellule photoélectrique : elle donne un courant dès qu'un rayon lumineux la frappe, mais si l'on demandait à une dizaine de nos concitoyens choisis au hasard ce qui se passe exactement, il y a gros à parier que la plupart resteraient cois. C'est justement l'étude de ces comportements spéciaux de la lumière et de l'électricité qui a porté les physiciens à reconsidérer la vieille ambiguïté de la nature de la lumière : tantôt elle se comporte comme une onde, ce qui donne lieu à toutes sortes de phénomènes bien connus, comme les interférences; et tantôt il n'y a pas d'autres moyens d'expliquer ce qui se passe qu'en supposant qu'elle est formée de corpuscules qui agissent comme de petits projectiles, des « grains de lumière ». Ce fut la gloire de De Broglie de combiner les deux concepts dans des théories d'une admirable abstraction (et complètement opaques pour les non-initiés). La lumière se comporte tantôt comme une onde, tantôt comme de petits projectiles *suivant l'expérience à laquelle on la soumet.*

Et c'est bien là le nœud de la question, car ce double aspect de la lumière est général. Reprenons notre image de l'atome : maintenant personne n'admet plus le modèle des petites billes tournant autour d'une bille plus grosse. Il n'y a absolument rien de tel! Chaque petite bille est en réalité un nuage de probabilités à l'intérieur duquel on a un nombre de chances calculable d'obtenir certains effets, et c'est tout : il faut absolument renoncer à l'image tactile et visuelle de la bille.

Ce n'est pas tout, et voilà le point où j'exhorte mes lecteurs à attacher leur ceinture, car nous allons plonger dans un trou d'air... Passons pour le nuage de probabilités, mais enfin, il reste qu'on peut faire des mesures. Qu'est-ce donc qu'une mesure? En termes physiques c'est un acte qui réalise le « collapse du psy », c'est-à-dire qui réduit le faisceau de probabilités qui constitue un corpuscule et l'amène à donner un chiffre dans un instrument de mesure. Mais qu'est-ce qu'un acte?

Et c'est là où nous parvenons aux idées les plus

ahurissantes de la physique, qui paraît revenir à de très anciennes notions métaphysiques : un acte c'est quelque chose qui est fait par un observateur, c'est-à-dire par une conscience; c'est-à-dire que la conscience est partie constituante obligatoire de la physique : elle *crée les phénomènes en les mesurant.* Ce qu'il y aurait donc de plus important dans l'univers, c'est la conscience.

Je m'entretenais jadis de tout cela avec mon ami le fameux physicien Costa de Beauregard et je lui posais la question obligée : mais enfin, avant que l'homme n'apparaisse sur la Terre, comment les phénomènes pouvaient-ils exister?

– Oh! me répondit-il, nous sommes amenés à supposer la préexistence de monades douées d'une sorte d'intelligence et d'une sorte de volonté, le tout pour sauvegarder les phénomènes!

Voilà donc où nous en sommes.

Je parlerai ailleurs dans ce livre de divers phénomènes que nous regroupons sous le nom d'anomalistique, psychocinèse, clairvoyance, etc., ou parapsychologie, terme malheureusement consacré par l'usage.

Ces phénomènes posent toute une série de problèmes tout à fait inacceptables pour l'ancienne physique, et je ne veux pas du tout dire que la nouvelle physique nous contraigne à les admettre. Mais il nous faut reconnaître qu'après les théories quantiques modernes, ils nous effarent beaucoup moins. Car les parapsychologues ont toujours postulé que les faits dont ils s'occupent transcendaient le temps et l'espace et que la conscience et la volonté de l'homme pouvaient agir directement sur la matière. Vous venez de lire la même chose énoncée sous une forme un peu

21

différente. Mais ce n'est pas fini. Venons-en au tremblement de terre suivant.

Le paradoxe d'Einstein-Podolsky-Rosen

On considère une molécule formée de deux atomes, chacun de ces atomes possédant une propriété particulière qu'on appelle le « spin », qu'il est trop compliqué de définir ici : il suffit de se souvenir que les spins de deux atomes sont égaux et de sens contraire, si bien que leur somme est égale à zéro. Si nous cassons en deux la molécule et envoyons les atomes dans des directions opposées, la physique des quanta démontre que les deux atomes qui ont été en interaction dans la molécule vont le rester : c'est-à-dire que leur spin continuera d'être égal et de sens contraire quelle que soit la distance; c'est-à-dire que si nous changeons expérimentalement le spin d'un des atomes, l'autre continuera d'être égal mais de sens contraire! Ce paradoxe qui a été récemment vérifié, à Orsay par la célèbre expérience d'Aspect, implique des conséquences incroyables, une véritable télégraphie instantanée dans l'espace, ou plutôt une révision fondamentale de nos idées sur l'espace : il ne serait, suivant certains, qu'une forme de notre sensibilité. Mais comment un des atomes s'y prend-il pour télégraphier à l'autre, et instantanément, que son spin a été changé? Si c'est une télégraphie, elle transcende l'espace-temps.

Une interface entre physique des quanta et parapsychologie : Schmidt et le chat de Schrödinger

Le chat de Schrödinger. Schrödinger suppose qu'il enferme un chat dans une boîte où il pourra être tué si un électron produit par un générateur de hasard emprunte une certaine voie, alors qu'il restera vivant si l'électron emprunte la voie opposée. Pour les classiques, il n'y a aucun problème pour constater le résultat : on regarde dans la boîte et on verra bien alors si le chat est mort ou vivant. Mais pour les quanticiens, c'est une tout autre histoire; car c'est l'observateur qui constitue le phénomène en produisant, du fait de l'observation, le « collapse du psy » : *s'il ouvre la boîte pour regarder, c'est à ce moment-là que le chat sera mort ou vivant.* Mais s'il n'ouvre pas la boîte, dans quel état sera le chat? Ni mort ni vivant? C'est une performance difficile, même pour un chat!

Nous allons voir comment Schmidt donne le mot de l'énigme par une très curieuse expérience de psychocinèse.

L'expérience de Schmidt. Le plus étonnant, c'est que le paradoxe du chat de Schrödinger a été résolu expérimentalement d'une manière inattendue. Schmidt a enfermé un chat dans une boîte réfrigérée à une température inconfortable pour le matou. Mais une lampe infrarouge pouvait s'allumer au hasard quand lui parvenait l'impulsion d'un générateur aléatoire, de telle manière que la somme des temps de chauffage et des temps sans chauffage soit égale.

Lorsqu'on vérifie l'appareil à vide, aucun problème,

23

les enregistrements montrent nettement la symétrie des impulsions. Mais si on y introduit le chat tout change, en ce sens que désormais la lampe s'allume *plus souvent qu'elle ne le devrait*. Une seule explication : le collapse du psy a été fait par un observateur, mais cet observateur, *c'est le chat*. Il n'est point besoin d'observateur extérieur.

Je pense que mes lecteurs, s'ils ont survécu jusqu'ici, pensent que maintenant c'est la limite entre le possible et l'impossible (a priori) qui devient floue. Cette limite n'est que dans notre esprit, et notre esprit a changé, parce que les sciences changent et de plus en plus rapidement.

Alors essayons donc de regarder d'un autre œil les faits « mystérieux », « inexplicables », « anti-scientifiques » dont l'histoire foisonne et même notre vie de tous les jours. Quel est ce nouvel univers où la conscience a droit de cité à nouveau? Et puisqu'elle est le plus inexplicable des phénomènes inexplicables, n'ayons pas peur d'en découvrir beaucoup d'autres...

Mes aventures en psy majeur...

Je me suis intéressé à ces choses depuis bien des automnes! Et maintenant que l'âge est venu et que je ne risque plus rien, je ne me souviens pas sans sourire de mes tortueux débuts dans l'étude des sciences maudites.

J'étais un jeune chercheur, dont l'avenir dépendait entièrement du bon vouloir de quelques pontifes embusqués dans les replis de l'Université ou du CNRS. Je savais ce qui m'attendait en cas d'incartade : et les « fausses sciences » comme disait une bande de fanatiques (mais de fanatiques puissants) constituaient l'incartade majeure, celle qu'on ne pardonne pas. Car ce que vous ne savez pas, bonnes gens, c'est que l'Inquisition n'a jamais cessé : elle fonctionne encore parfaitement. Oh! nous ne brûlons plus les gens! mais nous savons les réduire à la misère et au désespoir. Si j'étais découvert, à moi le ballet des lettres auxquelles on ne répond pas, des subventions qui ne sont pas accordées (pour des motifs parfaitement valables, bien sûr, mais qui n'ont rien à voir avec la vérité). A moi l'avancement qui se bloque, à moi la carrière irrémédiablement ratée.

Or j'étais sans le sou, ne connaissant presque per-

sonne parmi les gens qu'il eût fallu connaître, et chargé
de famille de surcroît. Après mon pauvre père mort
à la guerre, et avec mon frère, nous étions les premiers
intellectuels de la famille. Je voulais arriver comme
les autres, ou plutôt mieux que les autres. Mais d'un
autre côté, j'étais sûr que les sciences maudites, quand
on les aborde avec un esprit scientifique, sont pleines
de promesses; c'était une grande piste, me disait mon
instinct, qui en cinquante années de carrière ne m'a
jamais trompé. Et je n'ai jamais abandonné une piste,
par tous les diables de l'enfer!

Mais j'étais normand aussi, et même surtout... Là-
bas dans la riante province, il nous arrive d'attacher
une vache à un piquet : si c'est une vache gauchiste,
elle va protester contre l'indignité qu'on lui impose et
la disgrâce de se trouver attachée; elle revendique,
elle invoque les Droits de la Vache. Mais la vache
normande n'est pas encline à perdre son temps de
cette façon : tirons d'abord parti, se dit-elle, de l'herbe
qu'il peut y avoir autour du poteau; nous verrons
ensuite à l'ébranler; au fil des jours, c'est bien le
diable si nous n'arrivons pas à l'arracher. Et de fait
les vaches normandes viennent à bout d'à peu près
tous les poteaux.

Ébranlons le poteau, mais il ne faut pas en avoir
l'air : c'est pourquoi j'ai publié mes premiers travaux
là-dessus sous un faux nom. Et certains de mes élèves
se sont compromis de la même façon, sous le nom de
leur grand-mère! Au bout d'une dizaine d'années, tout
le monde se doutait bien de ce que je fabriquais :
mais il n'y avait pas de preuves, le scandale n'était
pas public. La femme de César, à savoir l'Université,
ne doit pas être soupçonnée : il suffit qu'elle coure le
guilledou en cachette, et pas ouvertement. Nous

sommes ainsi. S'indigner n'est pas une attitude rentable...

Naissance d'une aventure...

Et puis un beau jour, je ne sais pourquoi je tentai avec ma femme une expérience pour voir, en lui demandant de deviner si je la regardais à travers une vitre rouge ou une bleue. Elle me tournait le dos et avait les yeux bandés, bien entendu. Sur quelques centaines d'essais, les résultats furent si bons que j'en fus estomaqué. Comme il n'y avait que deux possibilités, elle avait droit bien entendu à 50 % d'erreurs : mais elle n'en faisait qu'à peine 20! Ce qui sort tout à fait des limites du hasard.

Je m'en ouvris à un savant collègue (un des très rares aux idées larges) qui m'écouta avec intérêt, puis me posa une question bizarre :

— Votre femme avait les yeux bandés, mais lui aviez-vous bouché les oreilles?

Je ne compris pas d'abord ce qu'il voulait dire, mais je le fis tout de même. Aïe! dès les prochaines expériences apparurent les 50 % d'erreurs fatidiques. Et voilà ce qui s'était passé : un phénomène que nous appelons subception... Quand, par exemple, vous vous promenez la nuit dans une forêt obscure, vous n'arrivez pas à distinguer votre chemin; eh bien! fermez donc les yeux : vous allez immanquablement heurter un obstacle. C'est qu'une très vague lumière, ne serait-ce que « cette obscure clarté qui tombe des étoiles », vous permettait de discerner, par exemple, les masses végétales et la zone plus claire du sentier : mais les excitations lumineuses assez fortes pour guider vos

27

pas étaient trop faibles pour franchir le seuil de la conscience.

Ce qui me rappelle la célèbre histoire des chevaux d'Elberfeld. Un dresseur nommé Krall prétendit au début du siècle avoir appris à ses chevaux à compter, et même à extraire des racines carrées. Pour cela il disposait devant le cheval un panneau porteur du calcul à effectuer. Le cheval se mettait alors à frapper le sol de la patte antérieure droite pour les unités et de la gauche pour les dizaines et donnait très rapidement la solution désirée... Évidemment on pensa tout de suite à une supercherie, mais les expériences réussissaient aussi en l'absence du dresseur... D'autre part, un cheval qui peut extraire les racines carrées n'est plus un cheval de toute évidence : et pourtant Hans le Malin (c'était le nom du cheval, Kluge Hans) se comportait le reste du temps comme un honnête cheval allemand.

C'est le psychologue Pfungst qui découvrit la solution de l'énigme : les expérimentateurs n'étaient pas tout à fait séparés du cheval mais se trouvaient près de lui, derrière une cloison munie d'une lucarne, à travers laquelle ils l'observaient. Or, sans s'en douter, ils retenaient leur respiration dès que le cheval, en tapant du pied, approchait de la solution. Et Hans le Malin n'avait qu'à s'arrêter de taper du pied quand il ne les entendait plus respirer. C'était un cas de subception.

Oui, bien sûr... Mais il subsistait des objections. J'eus l'occasion de rencontrer bien des années plus tard le Dr Mackenzie, qui avait assisté aux expériences. Il était très âgé, mais se souvenait parfaitement d'une difficulté : en effet, disait-il, il existait des expériences où les expérimentateurs *ne savaient pas* quel était le problème posé à l'animal : c'est-à-dire qu'ils lui présentaient un panneau sans le regarder. Et, hélas pour Pfungst ! cela marchait tout aussi bien... Il existe d'autre part bien des cas d'animaux calculateurs, les uns qui relèvent bien sûr du trucage de music-hall ; plus quelques autres qui ne s'expliquent pas aussi facilement... Bref la question n'est pas close (voir « Les Chevaux de Krall » à la fin de cet ouvrage).

J'étais assez décontenancé d'avoir pu aussi facilement trouver le défaut de mes expériences. C'est alors que j'eus l'occasion d'acheter un livre de Joseph Banks Rhine, dont la traduction française venait de paraître chez Payot sous le titre *La Double Puissance de l'esprit*.

Rencontre avec un fondateur

J'y appris avec stupeur que depuis bien des années déjà, un homme de science américain, Joseph Banks Rhine, se livrait à des expériences analogues aux miennes, mais avec une technique bien plus élaborée : et avec des succès non négligeables. Or, ma carrière universitaire connaissait à ce moment-là, à cause d'une démission, un passage à vide qui me laissait du temps libre.

Je m'embarquai donc pour les Amériques et débarquai à Durham, petite ville de la Caroline du Nord, pour constater aussitôt que tout en sachant quelque peu d'anglais, j'étais incapable de comprendre un traître mot à l'idiome utilisé dans le secteur. Mais enfin, eux me comprenaient beaucoup mieux et la langue universelle des gestes aidant, je finis par échouer au laboratoire de Joseph Banks Rhine. Accueil cordial, typiquement américain : on me demande mon prénom, qu'on utilisera désormais exclusivement, on m'offre un Coca-Cola (pénible épreuve, mais je serais au Japon, je boirais bien du saké après tout ; faisons toujours comme les indigènes de ces contrées reculées). Et je m'intègre à la vie du labo.

On a écrit beaucoup de choses sur Rhine, le fondateur de la parapsychologie scientifique moderne. On l'a traité de faussaire, et la curieuse bande de fanatiques qui se groupent en France et ailleurs sous la bannière d'une secte vouée au rationalisme, l'a accablé des plus basses injures.

Il me faut donc rendre hommage à la mémoire de mon ami le grand Rhine. Si je devais résumer son caractère d'un mot, j'emploierais celui de limpidité. Ou d'honnêteté. La plus grande, la plus massive honnêteté. Si jamais j'ai rencontré un homme incapable d'une tricherie, c'est bien J.B. Rhine. Ce qui ne veut pas dire bien sûr qu'il était incapable d'erreur : il pouvait fort bien se tromper, n'étant qu'un homme comme les autres, mais pour reconnaître aussitôt son erreur. Tenez, prenons le cas d'une aventure tragique qui lui arriva vers la fin de sa carrière. Le jeune directeur de son institut obtenait depuis quelque temps des résultats beaucoup trop beaux, qui ne sont, hélas, guère fréquents en parapsychologie. Aussi, on finit par exercer sur lui une surveillance discrète et par enregistrer ses résultats en double, sans qu'il s'en doutât : la fraude fut mise au jour, et le jeune homme congédié dans l'heure qui suivit.

Ma foi, si une chose pareille m'était arrivée, j'aurais

congédié bien sûr le coupable et averti discrètement les leaders des labos les plus importants qu'il n'y avait pas à tenir compte de ses résultats. Ce n'est point ce que fit Rhine, qui expédia à tous les chercheurs en parapsychologie une lettre où il dénonçait la fraude dans les termes les plus explicites : si bien qu'au bout de très peu de temps tout le monde savant était au courant.

Or on ne sut à Rhine aucun gré de cet exemple de fair-play poussé au paroxysme. Bien au contraire, sous la plume des fanatiques que j'ai cités plus haut, on ne tarda pas à lire que « Rhine avait été forcé » de reconnaître une fraude dans son propre institut, ce qui constituait une image pour le moins déformée de la réalité.

Les expériences de Rhine

Et que faisait donc Rhine? Il s'était inspiré d'une phrase de Charles Richet, notre grand biologiste, découvreur de l'anaphylaxie, ce qui lui valut le prix Nobel. Richet s'était vivement intéressé à la « métapsychique », que nous appelons maintenant parapsychologie; et, dans son grand *Traité de métapsychique* (qui n'est pas, entre nous soit dit, son meilleur ouvrage), il proposait de ne pas se borner à travailler avec des médiums trop souvent frauduleurs, mais d'essayer de déceler les « particularités psy » que chacun, sans doute, possède plus ou moins. Et il suggérait d'utiliser pour cela un jeu de cartes; si on les retourne de manière à ce que le sujet n'en voie que le dos, et si on lui propose de les deviner, il a un nombre de chances aisément calculable de tomber juste, et il est également facile de distinguer si les déviations obtenues par rapport au hasard sont statistiquement significatives : bref, si le sujet a été vraiment l'objet d'un phénomène psy.

C'est ce que Rhine fit des centaines de milliers de fois pendant quarante années. Non point avec des cartes à jouer, mais avec des cartes dites « de Zener », portant cinq symboles géométriques, et utilisées par paquets de 25 : elles étaient présentées dans des enveloppes de papier noir épais; les calculs étaient simples et rapides. L'ennuyeux, on s'en aperçut beaucoup plus tard, est qu'il s'agit peut-être d'un des tests parapsychologiques les moins sensibles : en effet il ne permet que de constater les « touches » (hits) du sujet qui a deviné correctement une carte, mais non point s'il s'est approché de la solution... Mais ceci est une autre histoire.

Rhine étudiait aussi la « psychocinèse », c'est-à-dire la possibilité qu'auraient certains sujets de faire « sortir » préférentiellement telle ou telle face d'un dé. Et cela aussi, il le répéta des années et des années... Et de là naquirent des controverses interminables...

Dans les sciences, quand une question est tellement controversée que personne n'y comprend plus rien, il n'existe qu'un moyen de se faire une opinion raisonnable : refaire les expériences litigieuses soi-même... Et c'est ce que je fis de retour dans mes foyers. J'avais à ce moment dix-sept neveux et nièces, troupe joyeuse et indisciplinée, entre quatre ans et quatorze ans, qui apprit avec intérêt que leur vieil oncle voulait leur faire faire des tests, sur la nature desquels ils étaient d'une indifférence abyssale; mais leur intérêt s'éveillait en présence du sac de caramels dont ledit oncle récompensait les succès; plus tard ils exigèrent qu'on leur donnât « des sous » puis firent même monter progressivement les tarifs; la fin des expériences arriva heureusement, sans quoi ils allaient m'entraîner dans un désastre financier... Bref, *j'ai refait une bonne partie des expériences de Rhine avec des résultats positifs, ce que pas un seul de mes contradicteurs n'a jamais fait* et c'est pourquoi je soutiens que mon opinion en ces matières a plus d'importance que la leur.

Le premier appareil que je construisis était imité de celui de Rhine, avec lequel j'avais travaillé à Duke University; il consistait en une série de chicanes verticales entre lesquelles dégringolaient des dés. On demandait au sujet de faire « sortir », par exemple, les six, c'est-à-dire que la face supérieure des dés qui franchissaient la chicane et tombaient sur le plateau du dessous devait être le six.

Dans ces conditions Rhine avait constaté que certains sujets faisaient « sortir » les faces choisies beaucoup plus fréquemment que ne le prévoyait le hasard. Et c'est ce que j'essayais de retrouver avec mes neveux. Oh! le phénomène, si phénomène il y a, ne se retrouve pas très facilement! Je fis les comptes au bout de deux ans : les dés avaient été lancés 90 000 fois... Mais les résultats m'aveuglaient : si la plupart de mes neveux n'étaient que des sujets fort ordinaires, ne dépassant pas les lois du hasard dans le lancer des dés, par contre, un petit garçon et une fillette sortaient tout à fait des normes : non pas qu'ils obtinssent la face voulue dans toutes les expériences[1].

Mes deux sujets n'allaient pas si loin : cependant le dépassement du hasard était énorme, et ne nécessitait pour ainsi dire pas l'outil statistique pour le démontrer. Ajoutons que les réussites se maintinrent pendant de nombreuses semaines, jusqu'au moment où les premiers signes d'ennui commencèrent à se manifester : et ce n'est plus alors la peine de continuer, comme tous les expérimentateurs vous le diront. J'ai pourtant vu mon excellent ami Rhine poursuivre quasiment indéfiniment, des jours et des jours, alors que les sujets en avaient manifestement assez. Mais, comme tous les Américains, il avait le culte de la quantité : il vaut mieux tenir davantage compte de la psychologie du sujet.

C'est sur ces entrefaites que je rencontrai un célèbre physicien de mes amis, connu pour son goût pour les sciences sulfureuses, qu'il ne cache pas du tout d'ailleurs.

— Mon cher, me dit-il, vos dés n'intéressent pas du tout le physicien : que voulez-vous qu'il en fasse ? vous devriez travailler sur les particules élémentaires.

— Les particules élémentaires, vous êtes fou ?

— Non point, c'est vous qui êtes timide et n'osez pas aller jusqu'au bout de vos idées...

Il suffit qu'on me parle de la sorte pour que je me précipite aux dernières extrémités pour prouver mon absence de timidité justement. Mais après tout,

---

1. Cela est arrivé une fois à Rhine, qui travaillait avec une mystérieuse fillette qu'on n'a jamais revue depuis, car elle a refusé de recommencer sa performance réussie à 100 %.

dans cette brève conversation, de Beauregard avait probablement raison; quant à moi, comme tous les biologistes, je suis intimidé par les particules élémentaires, de la même façon, j'imagine, qu'un physicien perdrait contenance devant un chromosome vu au microscope : nous ne savons ni l'un ni l'autre comment se manient ces objets étrangers à nos disciplines respectives.

Mais tout de même fabriquer une manipulation élémentaire comme le voudrait de Beauregard, ce n'était pas si difficile. J'avais justement au laboratoire un vénérable compteur de Geiger qui devait remonter au temps des Romains, pour le moins. Mais quand on posait dessus un vieux flacon de nitrate d'urane, qui devait bien avoir son âge, il se mettait à crépiter très honorablement.

Alors j'installe mes deux meilleurs sujets devant l'appareil; je leur fais une théorie sur l'atome qui aurait fait hurler mes amis physiciens, je leur explique que des atomes vont exploser, qu'il faut ou bien les en empêcher, ou bien les aider à le faire. Cela les amuse beaucoup, et ils me demandent si ça va faire autant de bruit que la bombe atomique dont, bien entendu, ils ont entendu parler. Je leur avoue que non, ce qui les déçoit. Mais je leur dis que tout de même, si ça marche un peu trop fort, on pourra sauter par la fenêtre et courir au fond du jardin, et cette idée leur plaît beaucoup.

Et voilà l'expérience en train. Dix essais consécutifs, que l'on recommence cinq fois. Cinquante essais dans le sens « plus » et cinquante dans le sens « moins ». Pour chacun des sujets.

Oui... cela a marché... Très nettement. Je dirai tout de suite que nous avons recommencé soit avec mes neveux, soit avec d'autres personnes; avec des résultats moins bons, mais positifs tout de même.

Je ne veux pas dire par là que nous avons influencé le taux de désintégration radioactive de l'uranium; il me semble plus vraisemblable que l'action des sujets se soit exercée dans les entrailles électroniques du compteur de Geiger.

Rencontre avec un vieux sage

Mon voisin berrichon est le professeur Yves Rocard, célèbre physicien et père du plus populaire de nos ministres. C'est un homme fort âgé, mais dont les années n'ont en rien entamé la vivacité d'esprit. Outre ses travaux de physique, nombreux et réputés, et la direction d'un énorme laboratoire de physique, il a poursuivi des recherches sur la radiesthésie qui ont fait enrager plusieurs de ses collègues et spécialement ceux de la secte bizarre, qui se désigne elle-même, je ne sais pourquoi, sous le nom de « rationaliste » sans doute pour se différencier du vulgaire, qui se contente d'être raisonnable. Les injures dont fut abreuvé le malicieux Rocard et sa radiesthésie ont quelque chose d'effarant. Cela ne l'empêcha pas de placer, après des années d'efforts, la radiesthésie sur une base scientifique. Mais ceci est une autre histoire. Je me souviens d'un jour lointain où j'allai voir Rocard à son laboratoire de l'École normale supérieure, et où il me déclara tout à trac :

— Monsieur, je suis persuadé que vous êtes sourcier!

— Monsieur, lui répondis-je interloqué, je vous proteste que je ne le suis pas!

– Bon, mais comme vous êtes un homme de science, vous ne refuserez pas d'en faire l'expérience. Prenez donc cette baguette que les plaisants appellent divinatoire, et venez avec moi.

Et nous voilà déambulant tous les deux, Rocard en tête, armés de nos baguettes : je serrais désespérément la mienne, en la conjurant surtout de ne pas tourner. Les techniciens et chercheurs nous considéraient d'un œil même pas surpris (ils devaient avoir l'habitude) mais très certainement goguenard. J'étais fort embarrassé de ma personne, Rocard, pas le moins du monde.

Mais mes conjurations furent efficaces : ma baguette ne tourna pas en passant près de grosses machines qui eussent dû l'impressionner; la baguette de Rocard au contraire s'abaissa indiscutablement.

Ainsi donc, je n'étais pas sourcier; tout au moins je ne croyais pas l'être. Mais l'histoire ne fait que commencer. Bien des années plus tard, une jeune fille me dit qu'elle était capable en « magnétisant » une bouteille d'eau de rendre ce liquide particulièrement efficace pour la germination des plantes. Moi, je veux bien, j'admets d'emblée tout ce qu'on me dit, pourvu que ce ne soit pas contradictoire, mais *sous bénéfice d'inventaire* comme de juste. Puisque la personne semble vouloir se prêter à des expériences, allons-y!

Je n'ai jamais acheté tant de haricots de ma vie! je les faisais germer en les arrosant avec l'eau « magnétisée » puis je comparais la pousse des jeunes tiges à un autre lot arrosé avec de l'eau non traitée. Il fallait ensuite détacher les jeunes pousses, les sécher et les peser. Travail carrément empoisonnant, mais que je faisais avec plaisir, parce que ça marchait... Eh oui! il existait d'ailleurs dans la littérature quelques cas semblables que je détaillerai plus tard : les guérisseurs (tout au moins certains d'entre eux) paraissent capables d'influencer au laboratoire des réactions biologiques.

Comme il est difficile d'hypnotiser un haricot, j'avais beaucoup de confiance dans la suite des opérations : le test était fastidieux, mais simple et je pouvais le répéter autant de fois que je voulais.

C'est à ce moment que la jeune fille, Dieu maudisse ce sexe inconstant! me laissa tomber sans autre forme de procès, en déclarant que ça ne l'amusait plus. J'étais furieux et très ennuyé : impossible de continuer. Un mien ami qui entendit mes gémissements finit par me remonter le moral d'une manière inattendue.

— Qu'as-tu donc à geindre de la sorte? Ton sujet t'a plaqué? Eh! tu n'as qu'à essayer toi-même! Tu sais bien que certains prétendent que chacun peut faire des choses comme cela *s'il croit pouvoir les faire*.

J'étais interloqué. Je ne trouvai rien à répondre. Puis, il y eut un déclic soudain. J'avais revu Rocard, qui était maintenant mon voisin dans le Berry à La Borne des Potiers. Et naturellement, il me reparla de mon aventure négative avec sa damnée baguette.

— Voyons, après toutes ces années, ne voulez-vous pas essayer encore? Voilà une baguette que j'ai fabriquée moi-même; prenez-la, et passez donc à côté de ma voiture : c'est une grosse masse métallique, ça devrait marcher...

Comment refuser? Je serre ma baguette de toutes mes forces et je recommence la conjuration d'il y a bien des années : baguette! surtout ne tourne pas! Et soudain, quelle sensation bizarre! tous ceux qui se sont livrés à ce genre d'exercice me comprendront : la baguette qui se tord littéralement entre vos mains quel que soit l'effort que vous effectuez pour la faire se tenir tranquille. On dit bien qu'il ne s'agit que de mouvements musculaires inconscients et que ce sont mes mains en réalité qui font tourner la baguette. Mais, et j'en appelle à tous les praticiens, n'a-t-on pas, très exactement, la sensation du contraire?

Je recommence deux fois, trois fois, en jurant contre cette fichue baguette : Rocard s'esclaffe... Je suis devenu sourcier, il n'y a pas de doute. Et depuis la baguette s'incline dans toutes sortes de situations et de localités, quand c'est moi qui la tiens.

Alors, dans ces conditions, pourquoi ne pas voir si mes nouvelles facultés ne vont pas un peu plus loin? Pourquoi ne pas reprendre les expériences sur les plantes? Et c'est ce que je fais. Derechef, cela marche. Aussi bien qu'avec la jeune fille inconstante; et même mieux...

Je m'en suis aperçu un matin d'automne, il me fallait bien me rendre à l'évidence : j'étais devenu un « sujet » comme nous disons dans les sciences sulfureuses. Pourtant je ne me sentais pas changé le moins du monde : mais des expériences comme cela, y compris la radiesthésie, je les avais essayées de nombreuses fois dans le passé, mais toujours avec des résultats médiocres ou nuls. Il en était maintenant tout autrement.

Mes aventures avec l'eau

Or, si mes haricots poussent plus vite lorsqu'ils sont « magnétisés » il y a toutes sortes de raisons de penser que c'est à cause d'une modification de la structure de l'eau. Les Américains ont fait quelques publications là-dessus, d'où il ressort que lorsqu'un magnétiseur s'est livré à ses manigances sur l'eau, celle-ci présente des modifications de son spectre dans l'infrarouge et aussi des changements du spectre Raman Laser [1].

Donc plutôt que de m'énerver avec mes haricots, il serait plus astucieux d'apprécier les changements de l'eau elle-même. Mais à cela plusieurs objections : le spectrographe infrarouge et surtout le spectrographe Raman Laser coûtent horriblement cher, des centaines de milliers de francs, dont je n'ai pas le premier sou... A cela que faire? Abandonner? Non pas! Il existe un axiome que tous les vrais chercheurs connaissent et mettent en pratique : quand on n'a pas les moyens de faire une chose, ce n'est pas une raison pour nc pas la faire. Il faut s'y prendre autrement, voilà tout.

---

1. Le spectrographe Raman Laser est une machine fort complexe qui cst la mieux appropriée pour apprécier les modifications de la structure de l'eau dont je viens de parler.

Je me dis en effet : puisque l'eau est un liquide tellement instable et que ses possibilités de congélation semblent en rapport avec cette instabilité, la mystérieuse action psy trouverait peut-être à s'exercer sur elle dans des conditions spécialement favorables... D'autant plus que tout le monde sait qu'elle agit de préférence sur des édifices instables.

Alors j'essayai d'abord la technique Bortels, c'est-à-dire les ampoules alignées dans le congélateur, en comptant celles qui restaient en surfusion [1] au bout d'un temps déterminé. Mais ce n'est ni pratique ni précis : pour la raison qu'un certain nombre d'ampoules restent en surfusion partielle, liquides sans doute, mais des cristaux de glace sont clairement visibles à l'intérieur. Comment donc apprécier avec précision la quantité de glace qui se forme dans les ampoules?

Je fus amené à imaginer un petit appareil que j'ai appelé « cryomètre » de deux mots grecs : « Krios », le froid et « metron », la mesure. Il s'agit d'un tube de 4 mm de diamètre surmonté d'un tube plus étroit et gradué de 1 mm de diamètre. Si le tube large est rempli d'eau jusqu'au niveau du tube étroit et qu'on le place au congélateur, il est certain que la glace quand elle va se former va dilater la colonne liquide, puisqu'elle a un volume plus grand que l'eau. Il suffira donc d'apprécier le niveau sur le tube capillaire supérieur pour avoir une idée de la quantité de glace formée au cours de l'expérience.

Et j'ai essayé. Sans trop de conviction d'abord. Puis les premiers résultats m'ont intrigué. Si bien que je

---

1. La surfusion est la propriété que possède l'eau de rester liquide au-dessous de zéro dans certaines conditions.

me suis trouvé un jour avec quelques centaines de chiffres dont se dégageaient, vérifiées par la statistique, des conclusions intéressantes.

D'abord qu'est-ce que « magnétiser » l'eau? Est-ce imposer les mains sur elle en prenant un air inspiré et en marmottant je ne sais quelle formule magique? Je ne le croyais pas du tout. Ce qui me semblait être en jeu, *c'était la volonté* du « magnétiseur » d'arriver à quelque chose. En ce qui me concerne, d'arriver à empêcher l'eau de geler; ou, au contraire, à la faire geler plus vite. Je constatai dès le début que se concentrer et faire le vide dans son esprit, suivant des techniques inspirées du yoga, que j'ai pratiqué et que je pratique encore, était sans importance; il suffisait d'une « volition brève » d'à peine quelques secondes, suivie d'une détente complète, pour obtenir un résultat : prolonger l'acte volitionnel ne servait à rien. Ensuite pour quelque raison bizarre, il fallait que je place l'eau à traiter derrière ma tête et non pas devant. Ce que nous avons derrière la tête, c'est notamment le centre visuel, l'aire striée de la scissure calcarine; cela a-t-il de l'importance? Je crois plutôt qu'ayant essayé diverses positions et ayant par hasard, sans doute, obtenu de très bons résultats en position arrière, je me suis suggestionné et convaincu que je ne pouvais pas aussi bien faire en position avant. Enfin, quoi que je fasse, je pouvais seulement « aider l'eau à geler » mais non pas l'empêcher de geler.

Dans les sciences, quand on a obtenu un effet quel qu'il soit, on essaie toujours de le supprimer, par exemple, par l'interposition d'un écran : c'est comme cela qu'on étudie les diverses radiations (je n'ai pas dit qu'il s'agissait d'une radiation émise par le cerveau et je n'y crois pas du tout). Je n'ai pas pu arrêter le phénomène en interposant des écrans de divers métaux entre ma tête et l'eau à traiter. Par contre, je suis arrivé à l'augmenter très nettement en interposant de l'aluminium en feuilles minces en nombreuses couches. D'autre part, la distance paraît gêner le phénomène; mais tout de même dans certaines expériences, j'ai obtenu un résultat à cinq mètres.

Le plus grand étonnement de ma vie...

C'est tout de suite après qu'il m'est arrivé l'aventure la plus étonnante de ma vie, en parapsychologie du moins. Les expériences qui marchent très régulièrement, sans même qu'il soit besoin de statistiques pour en apprécier le résultat, nous n'en avons guère en parapsychologie! Et j'en tenais une!

C'est toujours de l'eau qu'il s'agit. La congélation de l'eau semblait sensible aux actions psy; alors pourquoi ne pas faire une tentative sur une autre propriété de l'eau, l'évaporation, par exemple? Je passe sur les difficultés préliminaires, il y en a toujours, mais le récit de quelques tentatives ratées intéressera peut-être les chercheurs.

J'ai fabriqué d'abord un hygromètre bilame, appareil rudimentaire dont un de mes collaborateurs a tiré néanmoins un moyen très précis de mesurer l'hygrométrie : il s'agit tout simplement d'une bande de papier collé à ces feuilles minces d'aluminium qui sont vendues dans les supermarchés pour emballer les denrées; si on en fait une spirale, elle se contracte ou se dilate suivant l'hygrométrie de l'atmosphère; je pouvais donc fabriquer une série d'hygromètres de cette sorte, les plonger dans un récipient où l'humidité est saturante; les en sortir au bout d'un temps déterminé et les placer à l'étuve; l'expérience consistait à tâcher d'inhiber ou d'accélérer l'évaporation sur une partie du lot par rapport aux témoins non influencés.

C'était simple et élégant; cela ne marcha pas : les appareils sont trop infidèles, ils ne reviennent jamais au point exact d'où ils sont partis, et avec de grandes différences individuelles, quelles que soient les précautions prises [1]. Finalement la technique la plus simple était la meilleure : je plaçais des disques de papier-filtre secs dans des boîtes de Pétri, je les pesais, je rouvrais la boîte et déposais sur les disques une quantité d'eau connue; je pesais à nouveau les disques dans la boîte fermée. C'est à ce moment que je tentais d'influencer l'évaporation : les boîtes étaient rangées à six mètres de moi, sur une table, trois d'un côté, trois de l'autre; les trois que j'allais influencer d'un côté, qui avait été choisies au hasard, étaient soumises pendant quelques secondes à l'influence psy qui tendait à contrarier l'évaporation. Pour cela je visualisais les disques de papier-filtre posés sur la banquise au pôle Sud, sous le blizzard... Les disques de papier, enlevés des boîtes tout de suite après, étaient rapidement suspendus suivant un ordre aléatoire à une tringle, en évitant de les toucher avec les mains, et disposés dans une étuve à 32 °C pendant un temps strictement

_____

1. Mon élève Goillot a obvié à cette difficulté par une méthode très ingénieuse en opposant à la spirale de papier une spirale de montre, qui est utilisée dans l'échappement de la montre : c'est bien l'objet le plus précis et le mieux étudié qui soit. Dans ces conditions la spirale de papier devient très fidèle et ne varie pas de plus de quelques degrés hygrométriques par an. Mais je ne disposais plus à ce moment de ces appareils.

déterminé (quelques minutes); les disques étaient ensuite replacés dans leurs boîtes et pesés à nouveau. C'était la différence de poids avec les témoins qui mesurait l'influence psy.

Les différences n'étaient pas énormes, on s'en doute, *mais constantes.* C'est-à-dire que les trois boîtes traitées manifestaient une différence de poids constante avec les boîtes témoins. Cela était si net que je me suis demandé si l'on ne pourrait pas de cette façon transmettre un code : le rêve de tout parapsychologue.

J'ai alors attribué à trois des boîtes les lettres ABC et aux trois autres les chiffres 1, 2, et 3. Il y a ici une précaution subtile qui ne doit point être négligée : il faut que les signes d'un côté et de l'autre soient absolument équivalents du point de vue « affectif inconscient ». Par exemple, on ne peut opposer A à 2 : A est valorisé car c'est la première lettre de l'alphabet; il sera donc choisi trop souvent; on ne peut l'opposer qu'à 1, le premier des chiffres. Ce sont les mauvais tours que vous joue l'inconscient dans ce type d'expériences.

Et puis, j'ai voulu aller trop vite : j'ai transmis tout de suite un code complexe, par exemple, AC3 (j'entends par « transmettre » influencer à distance les lettres choisies de telle manière que l'évaporation y diffère significativement des signes non choisis). Pas de résultat suffisamment net; mais si l'on réduit le choix à une seule possibilité, par exemple, AAA traité et 111 témoin, *le succès est de 100 %,* et non pas dans une seule expérience mais dans toute une série (une trentaine).

En trente ans d'expérimentation sur les sciences sulfureuses, cela ne m'était jamais arrivé. On pouvait alléguer plusieurs hypothèses : un succès accidentel (cela se produit parfois en parapsychologie, mais bien rarement trente fois de suite!). Ou alors tout d'un coup une aptitude subite venait d'éclore dans mon système nerveux. Mais je suis un sujet très moyen avec le maigre pourcentage habituel de réussite dans les tests. Et d'autres expériences tentées immédiatement après m'ont confirmé que je n'étais point devenu un génie.

J'ai remarqué d'autre part que même si d'habitude je remporte quelques succès la fatigue vient vite ou l'ennui (c'est ce que Rhine appelait le déclin). Après, il est vrai, d'innombrables essais préliminaires, et après avoir remporté les succès que j'ai dit, je me suis aperçu que je ne pouvais plus réussir l'expérience, sans doute parce que je la trouvais maintenant fastidieuse. Or je sais que dans des cas analogues il me faut plusieurs mois de récupération avant de pouvoir à nouveau obtenir des résultats significatifs.

Naturellement il est bien trop tôt pour conclure que j'ai trouvé l'expérience facilement répétable en parapsychologie, et que l'eau est le support idéal pour les effets psychocinétiques. Il faudra auparavant de nombreuses répétitions de l'expérience par d'autres sujets; et c'est ce que je suis en train d'organiser.

Histoire du tychoscope

L'histoire du chat de Schrödinger-Schmidt devait avoir bien des suites. Voici que passent à nouveau les années... Mon laboratoire était installé dans la campagne près de Paris, au milieu des prés, de la forêt et du chant des oiseaux. Et nous y faisions fort officiellement de l'éthologie, puisque, en peu d'années, mes élèves réalisèrent trois thèses de doctorat et treize thèses de troisième cycle. Mais à vrai dire, j'avais recruté aussi un « cercle intérieur » très peu nombreux, de quelques élèves auxquels j'avais passé le virus des sciences maudites. Et parmi eux un brillant sujet dont je puis bien parler puisqu'il a quitté l'Université et ne risque plus rien... C'était, et c'est encore, un homme étrange. Ingénieur de l'École supérieure d'électricité, il s'aperçut qu'il lui fallait se perfectionner dans sa discipline et s'en alla jusqu'à Harvard, où il conquit le grade de « master ». Après quoi il s'aperçut que l'électricité ne l'amusait pas beaucoup, et pour se changer quelque peu les idées il fit une licence de philosophie. Mais la philosophie, décidément, ne l'amusait pas tellement plus que l'électricité. C'est pourquoi il me rencontra un matin de printemps que je n'ai pas oublié et me déclara qu'il voulait tâter de la biologie. J'adore ce genre de gaillards non conventionnels... Ai-je dit que par-dessus le marché c'était un musicien de première force?

C'était un créatif inquiet, instable, avec des éclairs de génie véritable et une grande culture. Mais la biologie ne l'amusa pas longtemps et il la laissa tomber après des débuts brillants. Entre-temps il était entré dans notre cercle intérieur et avait inventé le tychoscope.

Le tychoscope, de deux mots grecs qui veulent dire « voir la fortune », c'est-à-dire le hasard, s'inspirait du générateur aléatoire de Schmidt dont j'ai déjà parlé, mais avec une modification essentielle.

Pour bien le comprendre il nous faut revenir à Helmut Schmidt (hé oui, son prénom et son nom étaient quelque peu voyants, sans aucun rapport avec le chancelier allemand). Au bon vieux temps, quand on voulait étudier la psychocinèse dans le laboratoire de Rhine, on se servait des dés, comme je l'ai déjà dit. Mais c'était lent, lourd et incommode et le physicien ne pouvait étudier des objets aussi rudimentaires. C'est pourquoi Schmidt eut l'idée de recourir à l'électronique.

Il est très facile en effet d'obtenir avec un dispositif électronique simple des impulsions totalement aléatoires dont on peut faire ce qu'on veut : par exemple, leur faire allumer une lampe à droite ou à gauche suivant la nature de l'impulsion. Et il était désormais possible de soumettre les sujets à des tests pour la mise en évidence de la psychocinèse, avec une bien plus grande rapidité et une plus grande sûreté qu'avec les dés. L'ordinateur enregistre aussitôt et les données du générateur et les déviations qu'y imprime la volonté du sujet. Ce qui implique d'ailleurs une conséquence d'une grande importance : c'est que la volonté peut agir au niveau électronique, c'est-à-dire, tranchons le mot, *au niveau quantique,* comme l'a toujours pensé Costa de Beauregard.

Alors tout est bien et on va désormais faire des progrès rapides dans la bonne direction? Oui, jusqu'à un certain point, c'est vrai, et nous verrons que le doyen Robert Jahn et Mlle Dunne l'ont bien montré. Mais il existe toutefois un écueil qui peut abîmer beaucoup les résultats expérimentaux : c'est que les expériences avec le générateur aléatoire sont à peu près aussi ennuyeuses que les tests avec les dés!

L'ennui, c'est la grande difficulté dont les parapsychologues se sont peu souciés jusqu'à présent. Que voyons-nous devant les dispositifs expérimentaux reliés à un générateur aléatoire? Pas grand-chose de plus que des lampes qui clignotent. Au bout de quelques centaines de tests, il n'est pas de sujets qui n'en aient par-dessus la tête [1].

Pierre Janin eut alors l'idée de relier le générateur à des roulettes, si bien que l'appareil prend la forme d'un cylindre de la taille d'une boîte de conserve qui se déplace aléatoirement sur une feuille de papier en y laissant une trace due à un crayon inséré dans l'appareil.

Des expériences préliminaires se montrèrent fort encourageantes; certains sujets paraissaient capables d'attirer ou de repousser le tychoscope. Janin proposa

---

1. Le doyen Jahn a obvié à cette difficulté en accélérant énormément la vitesse du test : le générateur propose alors des alternatives plusieurs centaines de fois par seconde; et le sujet, au bout d'une minute, a déjà réalisé un nombre énorme de tests : ce qui explique les succès de cet expérimentateur.

même dans quelques pages profondes, d'entretenir avec l'appareil une sorte de « dialogue » en le traitant en quelque sorte comme un être vivant, auquel sa marche le faisait ressembler; mais malheureusement il ne poussa pas plus loin cette intuition sans doute féconde.

J'eus un peu plus tard l'idée d'expérimenter avec des animaux car tous les biologistes savent que partout où l'expérimentation animale est possible, elle permet d'aller beaucoup plus vite et plus loin qu'avec des sujets humains. Je supposai que des souris, qui s'effraient facilement, auraient sans doute peur du bourdonnement du tychoscope, et les emprisonnai dans une cage étroite, l'arrière tourné vers l'appareil (parce que je crois qu'on craint toujours davantage un danger qui vous aborde par-derrière). Et cela donna les meilleurs résultats. Les traces que le tychoscope laissait sur le papier se bloquaient pour la plupart dans la moitié du plan expérimental la plus éloignée des souris.

J'étais fort satisfait comme on l'imagine. Mais cela n'est rien, à côté de ce que trouva un de mes élèves, le Dr Peoch.

Les travaux de Peoch sur les poussins

Tout dans la biologie est une question de matériel approprié. S'il n'avait pas disposé de petites mouches, les Drosophiles, qui s'élèvent très facilement dans des flacons, Morgan n'aurait sûrement pas découvert aussi facilement les lois de la génétique. S'il avait travaillé, par exemple, sur les souris, la lenteur du développement et de la reproduction des souris – par comparaison avec les mouches – aurait certainement retardé ses découvertes d'une trentaine d'années pour le moins.

Pourquoi avais-je choisi des souris pour les présenter au tychoscope ? Simplement parce que c'est un animal de laboratoire très habituel et que j'en disposais à ce moment-là. Mais je n'avais aucune raison de penser qu'elles fussent plus convenables que tel ou tel autre animal pour la mise en évidence des propriétés du tychoscope.

Or, il se trouve que les résultats obtenus avec des poulets ont été tellement considérables, s'ils sont confirmés par d'autres expérimentateurs, qu'ils changent littéralement la face de la psychocinèse.

Il est vrai que le Dr Peoch a introduit dans l'expérience une variable biologique très importante : il a utilisé l'*empreinte*.

Pour les lecteurs qui ne sont pas éthologistes, je préciserai que l'empreinte, mise en évidence par Heinroth, Lorenz et Tinbergen, est un phénomène très particulier qui survient dans les premiers jours de la vie des oiseaux, mais qui existe aussi chez d'autres animaux (en moins apparent). Il consiste, par exemple, pour le poussin éclos en couveuse en dehors de sa mère, à suivre le premier objet mobile qu'il rencontrera, que cet objet soit sa mère, un homme, un ballon de football, n'importe quoi pourvu que ce soit mobile. Plus tard, le poussin fera une fixation durable sur cet objet. Par exemple, le poussin qui n'a jamais vu autre chose qu'un homme le prendra ultérieurement pour partenaire sexuel. C'est une tendance automatique et terriblement impérieuse.

Peoch eut donc l'idée d'« imprégner » le poussin sur un tychoscope, ce qui marche parfaitement. Rien n'est plus étonnant que de voir le poussin suivre désespérément l'appareil en émettant des cris de détresse lorsqu'il s'éloigne.

Si alors, raisonne Peoch, la psychocinèse existe, le poussin, enfermé dans une cage et voyant s'éloigner son cher tychoscope, « essaiera » de le retenir, et le tychoscope doit montrer alors une tendance à s'approcher du poussin.

Disons tout de suite que l'expérience a réussi, magnifiquement. Des contre-épreuves ont montré que la seule présence du poussin, non imprégné sur le tychoscope, ne suffisait pas à induire le rapprochement de l'appareil.

On peut d'ailleurs associer au tychoscope un stimulus désagréable, par exemple, une bougie dont la chaleur excessive incommode les poussins : cette fois-ci, au lieu d'attirer l'appareil, ils devraient le repousser et le font en effet. Que conclure de tout cela? Comme je l'ai dit plus haut, ce que nous étudions dans ces expériences *c'est la volonté* et c'est ce qui n'a pas été suffisamment souligné par les spécialistes de la psychocinèse. C'est une force mystérieuse qui agit au-dedans de nous, mais nous ne savons pas du tout ce qu'elle est.

Prenons un exemple : quand j'étends le bras et que j'allonge les doigts, je mets en mouvement une quarantaine de muscles. Par exemple, il convient que les fléchisseurs sur l'avant du bras se détendent, pendant que les extenseurs, à l'arrière du bras, se contractent; et il en est de même pour les doigts. Nous savons exactement comment cela se passe : c'est un programme neuromusculaire assez complexe dont nous connaissons toutes les phases, des influx nerveux qui se coordonnent au centième de seconde près. Le programme est établi dans le cerveau, nous savons à peu près dans quelle zone puis il est mis en marche quelques centièmes de seconde avant l'action proprement dite. *Et qui dresse le programme, qui appuie sur le bouton? c'est la volonté. Et qu'est-ce que la volonté? nous n'en savons rien.* De plus, il n'est pas très facile de l'étudier parce qu'elle fonctionne à l'intérieur du corps. Mais *si elle fonctionne aussi à l'extérieur,* en dehors des limites de la peau, alors l'étude de la mystérieuse faculté devient sans doute beaucoup plus facile. De là l'importance énorme des recherches de psychocinèse.

L'expérience répétable :
Robert Jahn entre en scène

On ne saurait exagérer l'importance des recherches du doyen Robert Jahn et de ses collaborateurs à l'université de Princeton. Évidemment, ses recherches ont été facilitées par l'énormité des moyens dont il dispose à Princeton et dont nous autres Européens nous n'avons qu'une idée vague... Jahn a eu le mérite d'envisager le problème des fonctions psy sous un angle original : celui de l'ingénieur. Il remarque qu'un grand nombre d'expériences ont déjà été publiées dont beaucoup montrent l'interaction de la fonction psy avec des dispositifs électroniques divers. A rien ne sert d'objecter que l'action psy n'est pas régulière, qu'elle est parfois absente, et que comme on l'a dit très justement, psy est « davantage fonction de l'opérateur que de l'expérience ». Du point de vue de l'ingénieur, remarque Jahn, ces restrictions sont sans valeur, car il faut absolument que certains dispositifs électroniques très délicats soient stables, qu'on puisse avoir en eux une entière confiance ou tout au moins qu'on puisse isoler la raison des pannes qui peuvent se présenter. A la lumière de ce qu'on sait déjà, continue Jahn, la présence de certains opérateurs en état de stress psychologique violent pourrait être déconseillée près de certains instruments délicats.

Mais étant donné le caractère irrégulier des effets psy, et surtout leur faiblesse, il paraît tout à fait nécessaire d'opérer sur un très grand nombre de données, bien plus grand que celui qu'on utilise habituellement, ce qui amènera presque sûrement une amélioration considérable des résultats statistiques. *C'est la véritable découverte de Jahn : l'emploi d'un grand nombre de présentations de la situation à influencer, à une très grande vitesse par seconde, ce qui ne fatigue nullement le sujet.* Comme on sait la présentation de stimuli 500 ou 1 000 fois par seconde n'est pas un problème pour les ordinateurs; et nous sommes bien loin des quelques centaines de lancers de dés avec lesquels on a tout de même établi l'existence de la psychocinèse. Les expériences de Jahn se comptent *par centaines de mille* et *il atteint de cette façon l'expérience répétable à volonté,* cette chimère insaisissable que poursuivaient tous les parapsychologues, et dont l'absence leur était si amèrement reprochée par leurs détracteurs.

Jahn a d'abord utilisé un générateur aléatoire formé d'une diode du commerce qui émet un bruit blanc électronique, transformé en successions d'impulsions positives ou négatives émises au hasard. On utilise d'habitude 200 impulsions émises au rythme de 1 000-2 000 par seconde et l'appareil compte le nombre des impulsions + et −. Les émissions sont généralement réunies en ensembles de 50 et on opère sur 5 de ces ensembles. Une série comprend en général 2 500 essais.

L'opérateur est assis en face de l'appareil. Il essaie soit de produire davantage de + ou davantage de − ou de rester sur la ligne moyenne (autant de + que de −). Mais les essais dirigés vers plus ou vers moins, ou encore vers la moyenne, sont présentés au hasard. L'expérience ne dure que quelques secondes.

Une présentation graphique ingénieuse montre qu'au fur et à mesure que se poursuivent les essais et qu'on additionne les résultats, la courbe s'éloigne de plus en plus du hasard.

Mais si le résultat est significatif dans presque tous les cas, il ne s'ensuit pas qu'il soit exactement le même pour tous les opérateurs. Certains réussissent mieux dans le sens positif, d'autres dans le sens négatif ou même ne peuvent réussir que dans une seule de ces directions. D'autres montrent une inversion des résultats, c'est-à-dire que lorsqu'ils essaient d'aller dans la direction « + » ils n'obtiennent que la direction « − ». C'est ce que l'école de Princeton appelle la « signature » d'un opérateur, qui est constante pour le même individu.

Comment s'opère l'interaction fonction psy-générateur de hasard? Pour le savoir il n'existe guère d'autre moyen que de changer le type de générateur mais différents types de générateurs de hasard n'ont donné lieu à aucune différence significative dans les résultats. On a employé aussi un générateur de pseudo-hasard, c'est-à-dire une séquence préalablement enregistrée de 2×10^9 bits qui se déroule en soixante heures. On peut intercaler cette séquence sans qu'aucune modification de l'appareillage soit décelable par le sujet. Dans ces conditions, toutes choses égales d'ailleurs, on ne voit pas de modification dans les résultats et notamment pas dans la « signature » des sujets.

La cascade mécanique. Une autre variante consiste à changer complètement le dispositif qui n'est plus électronique, mais mécanique. Il se compose de 9 000 boules de polystyrène qui tombent sur 330 chicanes de nylon disposées en quinconce et sont rassemblées dans 19 tubes où elles forment évidemment une courbe en cloche du type Gauss. La somme des boules dans chaque tube est évaluée électroniquement et expédiée à l'ordinateur. L'opérateur, à quelques mètres de la machine, a pour instructions de faire tomber davantage de boules à droite ou à gauche, ou au contraire de maintenir une distribution strictement aléatoire. Chaque expérience se compose de trois essais où le sujet choisit l'une de ces trois possibilités. Quinze opérateurs ont effectué ainsi 2 448 expériences. Les résultats sont également significatifs, mais ici seuls les essais où l'opérateur « vise la gauche » sont significatifs et il n'en est pas de même à droite. Et là aussi on retrouve la « signature » des différents opérateurs.

Comme le disent Nelson, Jahn et Dunne (1986) en dépit de dispositifs fondamentalement différents on retrouve donc des effets spécifiques de tel ou tel opérateur. « Ceci affaiblit l'interprétation phénoménologique, où la conscience interviendrait directement sur le processus de randomisation lui-même, par exemple, sur le flux des électrons thermiques, dans le générateur de hasard, ou sur les boules de polystyrène dans la cascade mécanique aléatoire. Par contre est favorisé un modèle qui insisterait sur les aspects communs à tous ces systèmes, par exemple, l'information implicite dans leur distribution. »

Effet de plusieurs opérateurs agissant ensemble. Les effets sont difficiles à interpréter et les expériences durent encore : tout ce qu'on peut en déduire actuellement, c'est que les résultats ne s'additionnent pas ou ne se multiplient pas suivant une loi simple.

L'expérience répétable : Robert Jahn entre en scène

L'action de la distance. Phénomène des plus importants et qui a déjà été signalé timidement en quelque sorte par différents expérimentateurs, la distance ne fait rien à l'affaire. Même à plusieurs dizaines de kilomètres.

Et si on pouvait améliorer les résultats de Robert Jahn?

J'ai essayé de le faire, mais évidemment pas avec le même luxe d'appareillage : mes moyens, comparés à ceux de l'université de Princeton, sont très largement inférieurs à zéro! Je n'avais pas la possibilité de m'offrir sa somptueuse cascade mécanique avec des centaines de boules comptées par cellules photoélectriques... Alors je me suis contenté de 49 boules formées de plomb de chasse tombant dans sept tubes de verre; on ne saurait s'imaginer le temps qu'il faut pour vérifier l'appareil à vide, de manière à ce que les plombs tombant à travers une série de chicanes, forment bien dans les tubes qui sont en dessous une courbe de Gauss théorique, sans déviation à droite ou à gauche : des calages minutieux sont nécessaires. Enfin, un beau jour, les plombs relâchés par un robot hydraulique tombèrent dans les tubes suivant les pures lois probabilistes; et je pus commencer l'expérience : assis devant l'appareil à un mètre à peu près je tâche d'influencer la chute, à droite, par exemple, en « visualisant comme bouchés » les tubes de gauche. Cela marche assez bien ou plutôt pas trop mal, enfin comme dans les tests parapsychologiques habituels (bien loin de ne jamais marcher, comme disent nos détracteurs fanatiques, ils marchent presque toujours, mais un peu, juste au-dessus de la signification statistique). Mon appareil ne fait pas exception. Il donne des résultats moins brillants que ceux de Jahn, mais les confirme tout de même nettement.

Mais ce n'était pas pour obtenir ces chiffres à peine satisfaisants que je m'étais donné tant de mal : je ne voulais pas copier Jahn, je voulais l'améliorer. J'ai tout de suite pensé à un champ électrique très faible, puisque çà et là dans la littérature, on trouve quelques résultats qui marquent une interférence de psy avec le courant électrique. J'avais un générateur de courants pulsés, qui me donna bien du mal : il fallait faire varier toutes les fréquences et les amplitudes; enfin j'eus des résultats, mais pas très brillants, pas de quoi pavoiser! Jusqu'au jour où j'employai tout simplement le courant d'une pile de 4 volts expédié dans deux armatures qui entouraient les chicanes franchies par les plombs. Le résultat fut indubitable : il y avait bien une amélioration des résultats franchement significative par rapport aux expériences sans courant (naturellement le courant était établi suivant un plan aléatoire, ignoré de l'expérimentateur jusqu'au bout).

Puisque l'influence psy est censée émaner du système nerveux, j'ai songé à la modifier in situ en quelque sorte : en appliquant le champ électrique près de la tête. J'ai donc fabriqué une sorte de casque où étaient noyées les plaques entre lesquelles s'établissait le champ électrique [1]. Mais je n'ai obtenu de la sorte que des résultats nettement moindres qu'avec le dispositif précédent. Toutefois, les expériences de ce type

_____

1. Mes collègues de Sorbonne ne m'ont heureusement jamais vu dans cet équipage!

n'ont sans doute pas été assez nombreuses pour permettre une conclusion ferme.

Conclusions théoriques

Elles sont de la plus grande importance puisque articulées par Jahn qui est un physicien très connu.

D'après lui donc, tout modèle que nous construirions dans le but d'expliquer ces résultats qui visiblement ne dépendent ni du temps ni de l'espace, doit admettre que la réalité ou l'expérience se constitue seulement par l'interaction de la conscience et de l'environnement; le modèle doit s'interdire la considération exclusive du seul environnement ou de la seule conscience. Les concepts communs de la physique et son formalisme ne seraient rien d'autre que des stratégies utiles adoptées par la conscience pour mettre de l'ordre dans les informations qu'elle doit utiliser. C'est pourquoi il importe de réfléchir *autant sur les propriétés de la conscience que sur celles de l'environnement* (c'est moi qui souligne).

Cette démarche conduit Jahn à un point de vue plus audacieux encore, qui consiste à traduire les propriétés connues de la conscience dans les termes de la physique quantique. Je ne puis le suivre sur ce chapitre ni apprécier l'utilité de cette nouvelle façon de parler de la conscience : il semble toutefois, d'après Jahn, que les propriétés de la conscience s'insèrent tout à fait naturellement dans le langage des quanta.

Les guérisseurs au laboratoire

Travaux de Bernard Grad et autres

Les travaux de Grad, justement célèbres, démontrent de la manière la plus claire que certains guérisseurs ou prétendus tels sont en fait capables d'influencer des processus biologiques ou physiologiques complexes. Nous les analyserons donc en détail.

Grad avait sous la main un « grand sujet », Estebany, qui imposait les mains sur des malades humains et sur des animaux mais ne l'avait jamais fait sur des animaux aussi petits que les souris. De plus, il fallait de toute évidence en utiliser beaucoup, et les traiter individuellement aurait pris beaucoup de temps. On décida donc d'essayer le traitement en groupe. On fabriqua de petites cages, qui recouvraient exactement la main d'Estebany et qui contenaient seize souris. Il posait la cage dans la main gauche et plaçait la droite à quelques millimètres au-dessus du couvercle. La cage était construite en tôle galvanisée et fermée d'un couvercle grillagé à glissière.

Dans la première expérience, on utilisa quarante-huit souris de deux mois à deux mois et demi; on les divisa en trois groupes; le premier fut traité par

Estebany comme je viens de le dire. Le second servit de témoin placé exactement dans la même cage, mais sans l'imposition des mains. On réserva un second témoin dans le troisième groupe, car on s'était aperçu qu'à la suite du traitement la température de la cage s'élevait quelque peu à cause de la chaleur des mains d'Estebany : jusqu'à 33 °C pendant le traitement, qui durait quinze minutes, deux fois par jour, à au moins cinq heures d'intervalle; cinq jours par semaine et deux fois le samedi. Donc on éleva dans les mêmes proportions, avec une résistance, la température des deuxièmes témoins.

En dehors du traitement les souris étaient conservées à 26 °C, 45-55° hygrométriques. Les traitements se faisaient dans une pièce voisine de l'animalerie.

On a pris soin avant l'expérience d'entraîner les souris pendant deux semaines à de fréquents transferts entre la cage d'élevage et la cage de traitement : celles qui paraissaient trop nerveuses étant éliminées.

Début de l'expérience : le but était de vérifier si l'action d'Estebany accélérait la cicatrisation des blessures. Les animaux furent anesthésiés à l'éther et une petite surface de leur dos débarrassée de poils. On pratiqua ensuite avec des ciseaux fins une ablation rectangulaire d'une petite surface de peau.

La surface de la blessure est retracée sur une feuille de plastique transparent qu'on applique dessus; on découpe la surface ainsi délimitée et on la pèse. Il n'existait aucune différence statistiquement significative entre les surfaces des blessures des différents lots de souris le jour où l'expérience débuta; aucune différence non plus le 14e jour entre la cicatrisation des deux types de témoins; par contre le lot auquel Estebany avait imposé les mains montrait une cicatrisation beaucoup plus marquée.

Mais comme l'expérience n'avait pas été faite en double aveugle, on décida de la recommencer, sur 300 souris. On sépara différents lots; l'un fut traité par Estebany; l'autre traité par différentes personnes qui ne croyaient pas posséder de talent de guérisseur; le troisième lot était le témoin auquel on n'imposa pas les mains. Mais on prit des précautions supplémentaires pour éviter un contact même indirect avec les mains : pour cela les cages furent placées dans un sac de papier épais; mais dans un sous-groupe, le sac était ouvert quoiqu'il dissimulât la cage. Estebany ou les autres sujets plongeaient les mains dans le sac, sans voir les souris et serraient la cage entre leurs mains; les personnes qui exécutaient le traitement changeaient chaque jour, à part Estebany bien entendu.

Les expérimentateurs qui devaient mesurer la surface des blessures ne savaient pas du tout à quel lot ils avaient affaire. Cette fois-ci, aucun effet ne fut observable chez les souris enfermées pendant le traitement dans un sac fermé. Mais l'accélération de la cicatrisation fut nette par contre pour les souris enfermées dans un sac ouvert.

On peut se demander comment interpréter une telle différence entre les sacs ouverts ou fermés. On pourrait songer à une substance exhalée par Estebany ou présente dans la transpiration de ses mains. Mais outre que les expériences sur les plantes dont il va être question maintenant paraissent exclure une hypothèse chimique, une autre explication paraît plus simple. On a remarqué que les souris trop agitées n'étaient pas sensibles à l'imposition des mains : or elles sont terriblement agitées dans le sac de papier clos, peut-être parce qu'elles manquent d'air. Elles vont jusqu'à le mordre et à pratiquer des trous dans le sac pendant l'expérience.

Watkins et ses collaborateurs ont essayé de déterminer si des guérisseurs (ou qui se prétendaient tels) pouvaient avoir une influence sur le *temps de réveil* des souris anesthésiées : ils réussirent effectivement à faire se réveiller les souris traitées plus vite que les témoins ; une réplique de l'expérience donna les mêmes résultats, ainsi qu'une nouvelle série entreprise par Wells et ses collaborateurs. Les résultats de Watkins peuvent donc être considérés comme tout à fait solides.

Baumann et ses collaborateurs se sont servis comme détecteurs de psychocinèse de deux capteurs bien différents : le premier est un capteur biologique, les cellules des neurones géants du mollusque *Aplysia,* couramment utilisé dans les laboratoires à cause de la taille de ces éléments et de leur facile accessibilité. Ces neurones émettent des influx à des intervalles réguliers pendant de longues heures. Le second détecteur était un détecteur piézo-électrique très sensible, qui réagit à des actions mécaniques comme des changements de pression, même extrêmement faibles. Or, des sujets arrivèrent à influencer les deux types de détecteurs.

Il faut noter à ce sujet que Kulagina est parvenue à ralentir les battements d'un cœur de grenouille isolé puis à le stopper. D'autre part les cellules nerveuses d'*Aplysia* sont sensibles à différents facteurs physiques, comme des champs électriques de basse intensité, des champs magnétiques ou des ondes courtes très faibles. L'action psychocinétique se rapproche-t-elle de celle de ces agents ?

Action sur des micro-organismes et sur l'activité des enzymes

Haraldson et Thorsteinsson, en 1972, demandèrent à des guérisseurs d'accélérer la croissance de cultures de levures. Il y avait 120 tubes assemblés par paires, un des tubes dans chaque paire servant de témoin; dans 58 tubes la croissance fut plus forte; dans 33 moins forte que chez les témoins. Les personnes qui n'étaient pas guérisseurs ne s'élevèrent pas au-dessus du hasard.

Nash (1981-1982) demanda à des sujets pris au hasard, c'est-à-dire non considérés comme spécialement doués du point de vue du facteur psy, d'accélérer ou d'inhiber la croissance du colibacille. L'accélération fut certaine, mais l'inhibition très douteuse par rapport aux témoins.

Raucher et ses collaborateurs (1982) demandèrent à un guérisseur de combattre chez les salmonelles du typhus les dégâts causés par le phénol ou par un antibiotique. Effectivement la motilité des salmonelles inhibée par le phénol augmenta de 5 %, alors que les témoins ne se déplaçaient plus; le chloramphénicol, un antibiotique actif sur les salmonelles, inhibe aussi la motilité; l'action du guérisseur parvint à la maintenir dans 15 % des cas.

Venons-en maintenant aux expériences très connues de Justa Smith. En 1968 et 1970 elle étudia les effets de l'imposition des mains sur l'activité des enzymes comme la trypsine, une enzyme pancréatique qui est impliquée dans la digestion des protéines. Les préparations dataient du jour même et on les divisait en

69

quatre parties. L'une était tenue entre les mains du guérisseur; la deuxième maintenue au contact d'un bain-marie à la température des mains; la troisième placée dans un champ magnétique de 13 000 gauss. La quatrième était détruite à 30 % environ par l'action des rayons ultraviolets, et ensuite traitée par le guérisseur. La trypsine, dénaturée en partie, regagne effectivement une partie de son activité sous l'action du champ magnétique qui paraît similaire à celle du guérisseur (indiquons tout de suite qu'il ne peut s'agir que d'une analogie, car les mains du guérisseur ne donnent certainement pas naissance à un champ magnétique aussi intense). Edge (1980) confirma à peu près les résultats de Smith.

Rein a présenté au fameux sujet Matthew Manning un concentré de plaquettes du sang extraites du sang de quelques volontaires. Ces cellules contiennent de la monoamine oxydase, dont l'activité a été mesurée avant et après le traitement par Manning : celui-ci se contentait de présenter les mains, les paumes dirigées vers les tubes scellés où se trouvaient les préparations; un volontaire qui n'avait aucun talent psychocinétique spécial faisait la même chose. On réservait des témoins et toutes les expériences étaient réalisées en double aveugle. L'enzyme augmente ou diminue d'activité suivant les expériences, alors que les témoins ne changent pas.

Edge a pu répéter ces résultats, mais Kief, s'adressant à une autre enzyme, la carbonedioxydéanhydratase, ne put mettre en évidence aucune action de la psychocinèse.

Expériences sur les plantes

Les plantes pourraient constituer un matériel idéal pour les effets psy à cause de l'extrême facilité du matériel comparé au matériel animal; mais il n'y a eu jusqu'à présent que très peu d'essais dans cette direction, et l'étude de Bernard Grad est une des premières.

Il commença d'abord par établir les conditions les plus convenables dans une série d'expériences préliminaires. Il trouva que les essais sur la germination ne donnaient pas de résultats bien nets (ce qui m'étonne car mon expérience personnelle irait plutôt dans le sens opposé). Les semences doivent être plantées dans le sol. Elles ne doivent pas être placées dans les conditions optimales, mais sous des conditions qui gênent quelque peu le développement normal. On établit par tâtonnement que l'arrosage avec une solution à 1 % de sel suivi par quelques jours de dessication, puis par l'arrosage de l'eau du robinet à des intervalles réguliers, constituait une technique appropriée (ce qui m'étonne derechef, étant donné les traitements parfois irréguliers que subit l'eau du robinet dans différents pays). Le *plus important résultat* (et de loin) fut qu'*il n'était pas nécessaire qu'Estebany traite les plantes elles-mêmes,* mais qu'il pouvait se contenter d'imposer les mains à des flacons contenant la solution d'arrosage, et bouchés à l'émeri. Enfin toutes les expériences furent menées en double aveugle.

Dans la première expérience, le liquide se trouvait dans un vase de Becher ouvert et c'est lui qu'Estebany tenait entre ses mains, une des mains soutenant le vase et l'autre à plat à 4 centimètres au-dessus de la surface de chaque pot. On place ensuite ces pots à 38 °C. Après quarante-huit heures, les pots semblant tout à fait secs, on les replace à la température ordinaire et on verse dessus 25 centilitres d'eau du robinet.

On recommencera tous les deux jours jusqu'au quinzième jour. Après quoi on note le nombre de plantes par pot, la hauteur de chacune et on additionne toutes les hauteurs par pot (on convient d'appeler cette somme le rendement moyen). On photographie ensuite chaque pot pour garder des archives précises.

Dans ces conditions il est évident que les plants traités manifestent un avantage tout à fait net non pas tant quant au nombre de plantes par pot qu'en ce qui regarde le rendement moyen. Toutes ces valeurs sont hautement significatives du point de vue statistique.

Dans une seconde expérience, la plus importante à mes yeux, tout se déroule de la même façon, sauf que *la solution saline est enfermée dans des flacons bouchés à l'émeri et dissimulés en plus dans des sacs de papier épais scellés.* C'est dans ces conditions qu'Estebany procède au traitement. Dans ces conditions on note également un avantage pour les plantes arrosées avec la solution traitée.

Un point extrêmement intéressant est la différence spectrale entre la solution témoin et la solution traitée par Estebany : dans la bande des 2 800-3 000 millimicrons le spectre de transmission de la solution traitée est moins élevé en pourcentage.

En conclusion, il semble que l'action d'Estebany consiste dans une modification de la structure de l'eau : comme l'eau forme le principal constituant de nos tissus et des tissus végétaux, il n'est pas étonnant qu'une modification de la structure de ce liquide puisse influencer la croissance.

Mac Donald en 1977 répéta ces expériences avec des semences d'orge. Un de ses guérisseurs provoqua un effet inverse, à savoir que les jeunes plants montraient une croissance de 15 et 17 % moins forte que les témoins; un second guérisseur obtint une croissance supérieure de 27 et 18 % à celle des témoins.

Grad avait remarqué, nous l'avons vu, que l'eau « traitée » par un guérisseur, qui l'avait tenue dans un flacon bouché hermétiquement, montrait une différence dans le spectre de transmission infrarouge entre 2 800 et 3 000 millimicrons. Le plus singulier est que l'ébullition ne semble pas abolir l'action du magnétiseur. Dean a fait de plus une singulière remarque : l'eau lourde agirait sur la croissance des plantes de la même façon que l'eau magnétisée?...

Schwartz et ses collaborateurs ont repris les expériences anciennes de Grad sur l'influence d'un « magnétiseur » sur les propriétés de l'eau. Il se confirme que l'imposition des mains sur de l'eau altère nettement les liaisons hydrogène-oxygène de l'eau si bien que l'on peut apprécier ces modifications au spectrophotomètre à la fréquence de 3 620 millimicrons.

Mais Fenwick (1986) ne parvint pas à refaire les expériences de Dean et Grad et ne trouva pas de différence dans l'eau traitée et le témoin. Il convient lui-même que son instrumentation était sans doute inappropriée.

Action des guérisseurs
sur le sujet humain

Nous disposons d'une assez grande quantité de recherches de laboratoire sur l'influence des guérisseurs. Krieger (1975) démontre que l'imposition des mains peut élever le taux de l'hémoglobine chez les personnes malades. Il a fait trois expériences portant au total sur plus d'une centaine de sujets. Dans la dernière, la plus étudiée du point de vue méthodologique, il prit toutes sortes de précautions quant aux différents facteurs qui peuvent agir sur l'hémoglobine, par exemple, le fait de fumer, ou encore l'ingestion de divers médicaments; il disposait de 46 sujets et de 29 témoins : on observa une hausse significative sur le plan statistique pour les personnes traitées par rapport aux témoins. Dans une seconde expérience (1978) Krieger n'utilisa pas des guérisseurs, mais des infirmières et il observa également une hausse de l'hémoglobine par rapport aux témoins... Alors l'objection est la même que dans l'expérience d'Attevelt (voir plus loin) comment distinguer ce qui est dû à l'action hypothétique de l'imposition des mains et ce qui est à attribuer à l'attention qu'on porte au malade, à sa réaction devant un cérémonial bizarre, etc., bref, aux facteurs peu connus du comportement et aux suites, très mal connues également, d'un état émotionnel inhabituel? Ces expériences nous poussent à souligner les précautions qu'il faut prendre lorsqu'on étudie l'action des guérisseurs sur les malades, et la nécessité de réserver des témoins appropriés.

La thèse d'Attevelt

Rédigée depuis très peu de temps, la thèse d'Attevelt, consacrée à l'étude des guérisseurs hollandais, est un modèle de méthodologie. Elle porte sur un très grand nombre de patients (4379) traités par 65 guérisseurs. Naturellement ces patients souffraient de maladies très variées; mais, contrairement à ce qu'on pourrait penser, les maladies psychosomatiques, a priori plus sensibles à l'action des guérisseurs, étaient les moins nombreuses. Le quart des patients souffrait de maladies des os ou de la locomotion; un autre quart de désordres neurologiques, un autre quart de maladies du cœur ou du système circulatoire, de maladies pulmonaires ou de rhumatismes. Le reste comprenait un échantillonnage très varié.

Attevelt n'a pu s'assurer un contrôle médical que dans certaines maladies comme l'asthme; pour le reste il a décidé de s'en remettre aux déclarations du malade lui-même, en partant du principe de bon sens que si le malade ne se sent pas mieux après l'action du guérisseur, ce n'est pas la peine de pousser les recherches plus loin.

Encore convient-il de se demander si on peut se fier aux déclarations du malade, en d'autres termes si un individu qui se sent mieux au début ne se sentira pas plus mal huit jours plus tard. On élimine cette objection en posant les mêmes questions au malade d'abord tout de suite après l'action du guérisseur, ensuite un mois plus tard, puis trois mois plus tard : or il existe une très bonne corrélation entre les différentes déclarations. On teste la mémoire dans un autre questionnaire, en leur demandant non seulement s'ils se sentent mieux, mais encore s'ils se sentaient également améliorés tout de suite après le traitement et un mois après. Les corrélations sont également bonnes. Donc, sans attribuer bien sûr aux déclarations du malade une valeur absolue (il faut peut-être quand même écouter les malades, ce que ne font guère les médecins), on peut s'en remettre à leur témoignage.

Dans ces conditions, les personnes qui avaient reçu un traitement direct par le guérisseur se trouvèrent sensiblement améliorées, ceci non seulement d'après l'impression subjective du malade, mais aussi d'après les mesures spirométriques. *Mais les résultats furent à peu près exactement les mêmes pour les malades traités à distance ou ceux qui ne l'étaient pas du tout (mais à qui on avait fait croire que le guérisseur s'occupait d'eux!).*

Comment expliquer un résultat à première vue aussi paradoxal? Il résulte, selon Attevelt, tout simplement des soins qu'on a donnés particulièrement à ces malades : les assistants sachant qu'ils participaient à un projet de recherche leur prêtaient beaucoup plus d'attention. De plus l'intérêt du patient était vivement stimulé par le fait qu'il allait être traité à distance et que des personnalités scientifiques avaient l'air de croire que c'était possible. On sait par ailleurs à quel point l'asthme est sensible aux facteurs psychosomatiques. Faut-il rappeler l'histoire classique du patient allergique à l'odeur des roses, et qui fait une crise dès qu'il voit des roses en papier?

Et c'est malheureusement là que réside à mon sens l'erreur d'Attevelt : il a considéré trop de cas particulièrement sensibles aux facteurs psychiques. Qu'eût donné l'expérience si, par exemple, on avait choisi un patient souffrant d'une maladie du sang ou des os? J'entends bien que l'hypnose, par exemple, peut agir même sur ce type de maladies, mais elles sont bien moins sensibles que l'asthme à la suggestion.

Archéologie et fonction psy
Des personnages bizarres :
Bligh Bond, Edgar Cayce,
Uri Geller...

Jusqu'à présent nous avons essayé de nous en tenir aux faits, mais maintenant, sans renoncer aux vérifications expérimentales bien entendu, c'est dans le domaine du rêve qu'il nous faut entrer.

Digression sur l'écriture automatique

C'est par le procédé dit « de l'écriture automatique » que Frederick Bligh Bond conduisit ses fouilles dans la célèbre abbaye de Glastonbury. Son ami Bartlett était expert dans ce genre d'exercice qui consiste à laisser errer sa main munie d'un crayon sur des feuilles de papier. Certains sujets ont rédigé ainsi des volumes de révélations faites par des « esprits » de l'Autre Monde. Ce qui a donné lieu à la création de la religion spirite (c'est une véritable religion, notamment au Brésil). Comme je l'ai dit plus haut ces « révélations » n'ont très généralement pas le moindre intérêt : il s'agit la plupart du temps d'une sorte de sirop mystique avec des exhortations que l'on retrouve dans toutes les grandes religions du monde, mais avec le génie en plus. Bref, rien qui vaille l'Évangile ou la

Bhagavad Gîta. Mais ne généralisons pas trop : dans le cas de Bligh Bond et de Bartlett, il s'est passé quelque chose. De plus, j'ai été témoin moi-même au cours de plusieurs séances que lorsqu'on demande aux « entités » des renseignements précis et non pas des questions vagues et générales, on arrive à en obtenir, avec une précision parfois stupéfiante. Je dirai qu'il s'agit sans doute d'un instrument, un des innombrables instruments que notre cerveau peut utiliser pour découvrir les connaissances cachées, en nous-mêmes ou dans l'univers. Mais comme tous les instruments, il faut savoir bien les utiliser.

Retour à Glastonbury

Mais d'abord qui était Bligh Bond? Un personnage considérable. Une autorité que personne ne discutait en fait d'architecture et de monuments du Moyen Age. Ses nombreux écrits faisaient autorité, et quand on le chargea des fouilles à Glastonbury, sa joie fut sans bornes. Le site de Glastonbury fut illustré par sans doute le plus célèbre des monastères anglais du Moyen Age, autour duquel fleurissait une gerbe de légendes : ne disait-on pas que Joseph d'Arimathie y était venu et avait construit une chapelle pour le Saint Graal? Mais lorsque l'Angleterre se convertit au protestantisme, le monastère encaissa de plein fouet un accès de barbarie iconoclaste. Il fut littéralement rasé et ses pierres utilisées pour paver des routes et construire des maisons et des granges.

Évidemment, Bond connaissait le mieux du monde toutes ces légendes et tout ce qu'on pouvait savoir de l'architecture antique du monastère. Aussi fut-il étonné lorsque Bartlett, par le biais de l'écriture automatique, fit parler un certain personnage, Gulielmus Monachus, qui lui révéla l'existence d'une chapelle édifiée par l'abbé Beere et dédiée au roi Edgar, à l'est de l'enceinte. Personne n'en avait jamais entendu parler; mais l'écriture automatique fournit même un plan de la chapelle; et bien sûr, Bond la trouva tout de suite quand il commença les fouilles à cet endroit. Bien d'autres révélations s'ensuivirent, les mystérieuses entités se donnant comme « la compagnie d'Avalon ».

Bligh Bond se retint tout d'abord de révéler par quel canal lui venaient des informations qui lui avaient fait faire tant de progrès, mais il l'avoua au bout de plusieurs années dans un ouvrage intitulé *Les Portes du souvenir (the Gates of Remembrance)*. Et la catastrophe s'abattit sur lui, il perdit son poste, fut interdit de fouilles à Glastonbury, et même maintenant, paraît-il, après plus de cinquante ans, il est interdit de vendre les livres de Bond dans l'enceinte du monastère. C'est un cas très regrettable de fanatisme, mais il faut dire que le caractère impossible de Bond, aigri par sa femme qui était une harpie, n'arrangea pas les choses...

Edgar Cayce, le prophète dormeur

Je ne m'étendrai pas longtemps sur ce cas pourtant remarquable, parce que les données archéologiques fournies par Cayce dans ses transes n'ont pas été vérifiées.

Il y a quelques dizaines d'années, Cayce, au cours d'un sommeil quasi hypnotique qu'il semblait pouvoir déclencher à volonté, donnait des consultations à des malades, bien qu'il n'ait nullement étudié la médecine.

La fonction psy

Il décrivait la maladie en des termes remarquablement précis et en employant le vocabulaire médical approprié. C'était soi-disant un médecin défunt qui lui dictait le diagnostic. Mais, chose plus étonnante, il indiquait le remède et quelquefois même un remède en cours de mise au point et qui n'existait pas dans le commerce [1].

Il a tenu des milliers de séances qui ont été conservées par la Fondation Edgar Cayce et parmi ces documents un très grand nombre d'indications archéologiques des plus intéressantes, bien qu'elles semblent relever souvent de la science-fiction : par exemple, la mention d'une bibliothèque antique, plus riche que celle d'Alexandrie, qui se trouverait en Iran; d'un réceptacle secret mentionnant en particulier les secrets de l'Atlantide, qu'on trouverait sur une ligne tracée entre le Sphinx et le Nil; des découvertes à faire sur l'antiquité des Olmèques qui serait infiniment plus grande qu'on ne croit, etc. Parmi ces centaines de prédictions, je n'ai pas entendu dire, encore une fois, qu'aucune ait subi un commencement de vérification; après tout c'est dommage, car dans de nombreux cas, la vérification eût été facile. Pour être complet, ajoutons que Cayce eut plus tard l'idée d'appliquer ses dons à la prospection des puits de pétrole, et qu'il essuya des échecs retentissants. Comme quoi, sans doute, il ne faut jamais forcer son talent.

---

1. Je suis disposé à le croire, car le même phénomène s'est produit au cours de l'observation d'un sujet en transe, qu'étudiait un jeune médecin de mes amis : un remède a été indiqué qui n'était pas encore sorti du laboratoire.

82

Et Uri Geller?

On se souvient encore d'Uri Geller, ce phénomène israélien qui gagna une grande renommée en tordant des petites cuillères et en débloquant des montres en panne devant des assistances émerveillées... Je l'ai un peu connu : c'était un mélange bien méditerranéen de saltimbanque, de charmant garçon, de prestidigitateur, et aussi de facultés psy; celles de Geller, on l'oublie souvent, ont été testées en Amérique dans des conditions rigoureuses et trouvées valables. Mais ce n'est pas ici le lieu de ranimer la controverse sur le cas Geller. Car enfin, comme il le dit lui-même dans un livre par ailleurs fort amusant : « Les gens me disent : puisque vous êtes si " psychique ", pourquoi n'êtes-vous pas millionnaire? » Or si j'en juge par la vie qu'il mène et par la photo de sa villa, il n'est peut-être pas millionnaire, mais à tout le moins fort à son aise.

Il s'en explique très librement : il a tout simplement essayé d'adapter ses dons à la demande industrielle, par exemple, à la détection du pétrole et des gîtes métallifères, et cela a marché, à la différence de Cayce. Il cite quelques noms de princes de l'industrie qui l'ont utilisé, par exemple, sir Val Duncan, P-DG du Rio Tinto. Mais le livre de Geller où il célèbre ses succès me paraît tellement tourné vers l'apologie personnelle que je ne puis le discuter sérieusement. Reste l'argument du niveau de vie où Geller est parvenu alors qu'il était parti de rien. Il doit bien y avoir une raison...

La fonction psy

Une question importante reste à examiner : d'où les sujets psychomètres tirent-ils leurs informations? Dans le cas où ils ont besoin de tenir un objet entre les mains, admettons-nous que les objets gardent l'empreinte des phénomènes et des situations auxquels ils ont été mêlés, comme une cassette de magnétoscope? On ne voit guère le mécanisme physique qui pourrait en rendre compte. Mais nous disposons d'une remarque très intéressante du Dr Geley, à propos des objets métalliques, qui induisent le phénomène de psychométrie : le sujet n'est plus capable de rien, si on a chauffé au préalable au rouge l'objet qu'on va présenter au psychomètre. Cette expérience n'a jamais été refaite, en grande partie parce que sous la poussée des techniques de l'école de Rhine, on a négligé la psychométrie...

Mais même si on retrouvait les résultats de Geley, nous ne serions guère plus avancés. Car beaucoup de sujets n'ont pas besoin d'un stimulus purement matériel, comme un objet tenu dans leurs mains, pour lire à distance ou sur le terrain, la description des objets ou des monuments qui s'y trouvent enfouis. Car la vision à distance ou la lecture sur carte ont été pratiquées méthodiquement, suivant la méthode dont Targ et Puthoff ont été les initiateurs, et qui a été précisée par le doyen Robert Jahn.

Pourtant, dans de nombreux cas, il ne s'agit plus du tout de vision à distance, mais de quelque chose de bien plus étrange : la lecture dans le passé; les sujets ne se contentent pas de décrire un monument, ils racontent ce qui s'y est passé : description parfois très détaillée, comme dans le cas des détails sur la vie des Iroquois observés par le sujet d'Emerson dans le passé. Il s'agit donc d'un véritable *voyage dans le temps,* ce qui a toujours fasciné les hommes depuis les origines. Mais jusqu'à présent tout au moins, il ne se constate vraiment que dans le passé. Et bien qu'il existe des prémonitions, et qu'on les ait même étudiées méthodiquement, on n'a jamais obtenu du futur, tout au moins jusqu'à présent, des renseignements aussi exacts et détaillés que ceux que nous extrayons du passé.

S'ensuit-il que les objets enfouis expédient les mêmes informations que l'objet tenu dans la main, de même que le magnétisme, par exemple, exerce son action à grande distance si les appareils de détection sont suffisamment sensibles? Quoique je ne veuille évidemment pas dire que la psychométrie a quelque chose de commun avec le magnétisme...

De toute manière, l'information psychométrique, comme on pourrait l'appeler, ne dépend pas de la distance et le fait qu'elle se rapporte à des événements plus ou moins éloignés dans le temps n'a pas d'importance non plus. Mais que les facultés psy ne se soucient ni du temps ni de l'espace, ne le savons-nous pas depuis longtemps?

Alchimie et parapsychologie

Dieu sait toutes les sottises qui se colportent sous le couvert de ce mot mystérieux. Par exemple, que le but de l'alchimiste serait de faire de l'or et rien que cela. La vérité est bien plus compliquée. La recherche de la transmutation des métaux n'est qu'un à-côté de l'Œuvre. Mais le langage hautement symbolique des alchimistes médiévaux ne doit pas faire illusion : *il n'est pas plus symbolique que le langage de nos chimistes* quand ils écrivent l'équation d'une réaction. L'ennuyeux évidemment, c'est que les dénominations alchimiques n'étaient pas fixées et variaient d'un auteur à l'autre. D'autre part, des considérations plus ou moins fumeuses de certains alchimistes, on a voulu déduire qu'il s'agissait d'un langage purement symbolique; rien n'est plus faux : *l'alchimie implique des manipulations, obligatoirement* et d'ailleurs la chimie est née de ces manipulations. Les alchimistes ont découvert, par exemple, le phosphore, et, comme ils ignoraient sa toxicité, plus d'un adepte y a perdu la vie; le bain-marie tire son nom d'une des très rares alchimistes femmes qui utilisait ce procédé pour une coction douce ne dépassant pas la température de l'eau chaude; la fermeture hermétique n'est autre que la fermeture d'Hermès, c'est-à-dire Hermès Trismégiste, le patron des alchimistes, etc.

Mais il y a autre chose de plus mystérieux et que je n'ai pas encore compris clairement : l'alchimiste poursuit deux transformations, celle de la matière, et sa propre transformation; l'une dépend de l'autre et l'Œuvre ne peut réussir si l'adepte n'est pas parvenu à un certain degré.

De plus l'Œuvre exige des conditions « cosmiques » déterminées : certaines saisons, certaines heures et même certaines positions des planètes. On ne peut donc faire une démonstration instantanée de *tous* les processus alchimiques : mais certains, les plus simples, sont ouverts à tout le monde.

Le problème du secret. Y a-t-il un secret alchimique? Bien sûr; et moi-même je ne dirai pas tout ce que je sais. Et si je parlais trop, encourrais-je la malédiction des adeptes et peut-être des sanctions plus graves? Oh non! simplement la tristesse d'amis auxquels j'aurai donné une parole que je n'aurai pas tenue. C'est pour cette raison que certaines manipulations ne sont pas écrites mais révélées seulement de bouche à oreille.

La raison en est bien simple : elles sont parfois dangereuses et pour celles qui touchent à l'antimoine, par exemple, terriblement dangereuses. L'intoxication peut être irréversible, et c'est pour quoi le maître veut s'assurer du sérieux et de l'intelligence des apprentis. Voilà la principale raison du secret (mais pas la seule).

Mais pourquoi cette attention au temps, à la saison, à l'état de l'alchimiste? Cela est plus difficile à expliquer. Pour ce qui est de l'état de l'alchimiste, il me semble, sans que je puisse l'affirmer, que nous sommes devant une certaine action parapsychologique à laquelle l'alchimiste s'entraîne sans le formuler dans ces termes : certains amis, auxquels j'ai présenté cette hypothèse, ne m'ont pas semblé la rejeter.

Quant à l'influence de la saison, etc., je dispose peut-être d'une analogie. A propos de l'eau, les expériences de Piccardi en particulier montrent que ce liquide, qui est seul de son espèce sur la terre, est d'une instabilité diabolique et sous la dépendance *de l'état du soleil* non pas immédiatement mais par l'influence des phénomènes météorologiques qui sont, eux, sous la dépendance directe du soleil, comme chacun sait. Mais cette influence n'est pas simple car elle se transmet à l'eau *même enfermée dans des tubes scellés.* Si donc, à un physico-chimiste spécialiste de l'eau on disait que certaines réactions dépendent du temps et de la saison, il n'en manifesterait aucun étonnement.

Une manipulation d'alchimie végétale. Elle est des plus simples et va bien nous montrer le moment où l'on quitte la chimie pour entrer dans un domaine plus secret. Il s'agit d'extraire le mercure d'une poudre végétale : mais attention, *le mercure alchimique n'a rien de commun avec le mercure,* c'est tout simplement la fraction alcoolo-soluble des végétaux et on peut pour la pratiquer se servir des instruments classiques de la chimie, l'extracteur à reflux de Soxhlet, par exemple. Mais cette extraction étant faite, le sol se dérobe sous nos pieds! il s'agit en effet de pratiquer une manipulation non chimique, qui consiste à calciner la poudre végétale, à remettre les cendres en contact avec le « mercure » et à en pratiquer l'extraction comme précédemment; les cendres sont à nouveau calcinées, à nouveau mêlées avec le « mercure » et recalcinées et ainsi de suite sept ou huit fois : alors le liquide se décolore, le résidu calcinable devient translucide : on a obtenu la « pierre végétale », douée de diverses propriétés intéressantes. Je ne suis pas un grand chimiste, mais jusqu'à présent tout au moins, je me sens incapable d'interpréter l'opération en termes chimiques.

Une préparation de médecine spagyrique. La médecine spagyrique est de l'alchimie simplifiée à laquelle s'est attaché, entre autres, le grand Paracelse.

Voici, par exemple, la préparation de Glauber qui sert à extraire l'« Ens » ou le « principe vital », des végétaux. On prépare d'abord de l'« huile de tartre » qui n'a rien à voir avec de l'huile, à part sa consistance huileuse : c'est tout simplement du carbonate de potassium hydraté. Mais il doit être élaboré suivant le mode « philosophique », c'est-à-dire qu'il faut prendre du carbonate de potassium du commerce qui est fortement hygroscopique : on l'expose à l'air libre pendant les mois de printemps ou d'été, mais non pas en hiver; il se transforme progressivement en absorbant l'humidité de l'air en une liqueur épaisse et d'aspect huileux.

On place alors à son contact une poudre végétale soigneusement desséchée et on met le tout à 25-30 °C pendant un mois ou deux (toujours la lenteur caractéristique des préparations alchimiques!). La liqueur se teint progressivement en rouge foncé. Il faut alors la transvaser et la mettre au contact d'un peu d'alcool absolu, c'est-à-dire anhydre; au bout d'un temps en général très long, dépassant un mois, le rouge de l'huile de tartre va passer dans l'alcool; on le décante et la préparation est achevée.

Que s'est-il passé du point de vue chimique? Difficile à dire. Le carbonate de potassium a évidemment mis en solution les nombreux dérivés hydrosolubles des végétaux, parmi lesquels des tannins du groupe des phlobaphènes, qui doivent être responsables en partie de la couleur rouge. Mais la plupart de ces dérivés hydrosolubles ne sont pas du tout solubles dans l'alcool qui les précipite de leur solution. Et l'huile de tartre ne se mélange pas à l'alcool... Alors que passe-t-il donc dans la solution alcoolique? La réponse n'est nullement impossible, la chimie moderne qui est toute-puissante nous permet certainement de répondre. Mais il s'agit d'une préparation non classique, et comme le vieux Glauber sort de toutes nos règles modernes, il faut tout reprendre de zéro. C'est toujours ainsi en alchimie.

Sans compter la probable interférence parapsychologique à laquelle j'ai fait allusion.

Newton

Le grand Newton est considéré comme le prototype du premier savant rationaliste; adepte des philosophies « mécaniques », les premières et peut-être les seules auxquelles il s'était intéressé, il paraissait à tous soucieux avant tout de calcul et de rigueur, comme il l'a bien montré dans les *Philosophiae Naturalis Principia Mathematica*, ouvrage immortel s'il en fut jamais.

Mais plusieurs études tardives, et surtout la découverte massive de nombreux papiers newtoniens jamais publiés, sont venus tout remettre en question; Newton n'était pas le premier des modernes, mais le dernier des Grands Anciens, et, comme on l'a dit, « il ressemblait bien plutôt à un mage babylonien ou sumérien » qu'à un disciple de Descartes.

Car enfin, il existe un autre Newton, dont la famille a dissimulé le plus longtemps possible les fâcheuses tendances : ce Newton-là *était surtout un alchimiste et un théologien.* On en convenait jadis du bout des lèvres, pour déplorer ces fâcheuses tendances, en insinuant que c'était là un curieux passe-temps d'un grand homme. Mais la réalité est tout autre. Newton s'était bel et bien construit un laboratoire alchimique, en édifiant le fourneau de ses propres mains, et il y passait des journées et des nuits entières, sans compter l'annotation des grimoires alchimiques, en particulier celui du grand Sendivogius... Il avait de plus sur la théologie des vues personnelles qui auraient pu le mener sur la route du bûcher : par exemple, il ne croyait pas à la Trinité chrétienne, ni à la toute-puissance de Dieu... Mais on n'inquiète pas un personnage aussi en vue que Newton, un savant universellement célèbre et par-dessus le marché contrôleur de la monnaie royale : bref, un homme absolument invulnérable.

C'est son intérêt pour l'alchimie qui nous occupe ici, d'autant plus qu'il en a tiré quelques-unes de ses théories scientifiques, le concept de force en particulier (force à distance sans contact matériel) qui nous paraît tellement évident (bien qu'il ne soit pas si clair que cela). Or c'est une idée alchimique et les contemporains ne s'y sont point trompés.

De plus Newton croyait, dur comme fer, à la « prisca sapientia », la sagesse cachée des Anciens qui, selon la tradition hermétique, auraient fait toutes les découvertes importantes en les exprimant dans un langage volontairement cryptique qu'il s'agissait de déchiffrer : c'est pour cela qu'il pâlissait sur des textes impossibles du genre de celui-ci (de Snyder) :

« Le Jupiter à la barbe grise a compris en considérant la comète et l'étoile-signal, que la double nature d'un monarque de ce monde gouvernait en paix son royaume avec l'assistance de Mercure, et que de toutes les parties du monde des envoyés arrivent pour congratuler et compléter le tout-puissant et l'invincible. Alors le bon Jupiter monte sur l'échine de son aigle, et se hâte vers le palais, et ayant obtenu audience, il s'avance, fait les révérences prescrites avec son sceptre, plie le genou, baise les pieds du monarque, présente son aigle et le met à son service, et entre, comme tous, dans son héritage, etc. »

Ce sont des passages comme celui-ci qui exaspéraient Brewster, confit dans son cartésianisme et horrifié que le grand Newton s'abaisse à commenter ces sottises :

« Tant que les recherches de Newton se limitaient à la transmutation et à la multiplication des métaux, et même à la découverte d'une " teinture universelle " on peut lui trouver des excuses; mais nous ne pouvons comprendre comment un esprit d'une telle force qui s'occupait si noblement des abstractions de la géométrie et de l'étude du monde matériel, pouvait s'abaisser jusqu'à s'instituer le copiste de la poésie alchimique la plus méprisable, et à annoter une œuvre qui est la production évidente d'un fou et d'un charlatan », etc.

Bigre! Mais revenons à Newton, qui fait tout d'abord remarquer que les Anciens désignaient les métaux par le nom de la divinité qui lui est attachée; le mercure à Mercure, le plomb à Saturne, l'étain à Jupiter, le cuivre à Vénus, le fer à Mars, l'argent à la Lune, l'or au Soleil. Le texte de Snyder est tout simplement, au début, la description d'une sublimation. Faire l'aigle du mercure, par exemple, revient à le sublimer, ce qui paraît déjà moins absurde. Newton, partant de là, essaie par la suite de trouver l'aigle de Vénus (du cuivre), par exemple, en le mettant en présence du mercure, etc.

Clavis (la Clef). Il ne peut être question de résumer même brièvement les énormes travaux *expérimentaux* de Newton, plus de 10 000 pages avec des « recettes » minutieusement exposées, y compris en énonçant le poids de chacun des constituants à mélanger (Newton avait compris, avant Lavoisier, l'importance de la balance en chimie). La « Clavis » paraît résumer (pas trop clairement) ce qu'il a tenté.

Il prépare entre autres le « régule du Lion Vert » : c'est l'antimoine à l'état métallique, préparé en mettant en présence le fer et le sulfure d'antimoine ou stibine. Il le fait fondre avec l'argent, puis l'amalgame avec le mercure commun. Il y faut une énorme série de « digestions », broyages, lavages, séchages et distillations, de manière à éliminer la « noirceur » : c'est-à-dire que c'est le début de l'Œuvre, la *Putrefactio* autrement dit l'*Œuvre au noir;* et à la fin on obtient un « mercure qui dissout tous les métaux, y compris l'or ». « Je sais de quoi je parle, car j'ai mis au feu maintes fois des verres avec l'or et ce mercure : il se produit dans les verres des arborisations... L'or se gonfle, il se putréfie, il croît en troncs et en branches, changeant de couleur journellement, ce qui me fascine tous les jours. »

Newton a réalisé ici la « cauda pavonis », la « queue du paon » que tous les alchimistes considéraient comme un grand secret.

Mais qu'a-t-il fait en réalité? Si étonnant que cela puisse paraître, il est difficile de le préciser; d'abord, comme je l'ai dit au début de ce paragraphe, on ne fait plus d'expériences de ce type. D'autre part, pourquoi Newton affirma-t-il que le mercure dissout tous les métaux? Il a dû réaliser un amalgame très complexe, mais on ne voit pas pourquoi il change de couleur chaque jour?

On ne peut rien conclure. D'abord, parce que la description de Newton n'est pas si claire : il ne dit pas tout. Veut-il garder secrètes certaines spécifications de l'Œuvre? Oui, il le dit explicitement, tout ne doit pas être révélé. D'autre part, on n'a pas fini de dépouiller l'immense compte rendu des expériences de Newton.

Enfin, pourquoi tout cela était-il si important pour lui? Car il se flatte à plusieurs reprises d'avoir trouvé le « mercure des philosophes » qui n'est pas du mercure, comme on l'a vu. Newton était arrivé à quelque chose, dans le domaine de la physico-chimie, quelque chose qui lui avait ouvert les arcanes de la nature, quelque chose de différent sans doute de ce à quoi notre science s'attache.

Mais ce quelque chose, il refuse de nous le révéler.

Précognition

Ce qui a fasciné les hommes depuis qu'ils réfléchissent c'est le temps, dans sa course inexorable. Et toujours certains individus ont affirmé qu'ils pouvaient en devancer le cours, et prédire ce qui allait arriver. Ils n'ont jamais manqué d'auditeurs et l'histoire raconte même que quelques-unes de ces prévisions étaient exactes (elle tient rarement compte des inexactes...). Cependant, que nous apprennent les nombreux travaux sur la fonction psy sinon que l'espace n'est pas pour elle un obstacle, *pas plus que le temps?* Les anciens travaux de l'école de Rhine ont déjà montré qu'un sujet peut tout aussi bien deviner l'ordre des cartes de Zener *avant qu'on ne les ait battues,* et même longtemps avant, deux mois, par exemple. Et dans les expériences beaucoup plus récentes de vision à distance, on s'est très vite aperçu que le sujet enfermé dans le laboratoire peut faire ses divinations *avant que* celui qui doit aller sur le terrain à un endroit déterminé y soit parvenu. Il a dû alors deviner la destination par clairvoyance? Mais il est vrai que ceci ne prouve rien, puisqu'on a trouvé par la suite qu'il n'était point nécessaire d'employer un comparse qui aille à tel ou tel endroit : on pouvait tout aussi bien s'en passer, et le sujet enfermé au laboratoire perçoit néanmoins l'endroit où on veut l'envoyer (voir la vision sur coordonnées, page 163).

Mais comme on peut faire aux expériences de précognition suivant la technique rhinienne le même reproche qu'aux autres expériences de la même école : à savoir qu'elles sont assommantes, ne serait-il pas possible de retravailler là-dessus, en se choisissant des cibles un peu plus amusantes? On lira plus bas la très audacieuse expérience de Targ, qui forma tout de go une compagnie privée, la Compagnie de Delphes (Delphi Company) pour mettre la précognition au service, par exemple, des hommes d'affaires. Et il obtint quelques réussites spectaculaires.

Il s'est formé d'autre part, en Amérique, au Canada et en Angleterre, des Centres d'enregistrement des prémonitions : leur but est de rassembler les prémonitions qui peuvent survenir avant une catastrophe, par exemple, afin d'essayer de la localiser et d'avertir les personnes qui risquent de se trouver en danger. La tentative est amusante mais quelque peu problématique pour le moment. Il y aurait eu des prémonitions à propos du désastre d'Aberfan; une application des techniques précognitives n'est nullement exclue dans un avenir plus ou moins éloigné.

Pourquoi ne s'en sert-on pas pour jouer à la Bourse?

Or, justement c'est fait, grâce à un jeune homme ingénieux, Russel Targ, bien connu pour avoir mis au point des expériences de vision à distance qui ont beaucoup attiré l'attention. Au cours de ces expériences, on sait qu'un des participants se déplace vers un but, alors qu'un percipient reste au laboratoire, et décrit ce qu'il va voir; mais un des percipients dit tout à coup à Targ : il n'y a pas besoin d'attendre, je puis vous dire tout de suite ce qu'ils verront, avant qu'ils ne soient partis; et les résultats, de fait, furent excellents. D'autre part, le choix de la cible est fait aléatoirement : mais la lecture à distance fonctionne tout aussi bien avant ce choix aléatoire : c'est la voie précognitive.

Targ, après une rencontre avec un financier, décida d'appliquer cette vision à distance à la prédiction des cours de l'argent à Wall Street. Mais la difficulté, remarque Targ, c'est que dans la vision à distance, les perceptions sont des images mentales et non pas des chiffres ou des lettres : et c'est peut-être l'erreur de la méthode rhinienne de confiner l'ESP à la perception de figures géométriques. Il ne convenait sans doute pas de faire deviner aux sujets des chiffres affichés sur les panneaux de la Bourse. Le sujet était Keith Harary, qui a montré dans diverses expériences de grandes possibilités de vision à distance. Targ convint avec lui qu'on allait associer un certain objet à la hausse des cours et un autre objet à la baisse, et il essaya cet exercice pendant plusieurs jours. Puis on tenta la même expérience, mais sous la forme précognitive cette fois : quel serait l'objet associé aux cours dans les jours à venir? Sur une période de neuf semaines on avertit ainsi un investisseur du cours que suivrait l'argent. *Les neuf prévisions furent correctes* et firent gagner 120 000 dollars à l'investisseur, qui eut le bon goût de partager avec les participants à l'expérience.

Mais l'année suivante, Targ refit neuf prévisions qui toutes les neuf étaient incorrectes, le contraire de ce qui s'était passé en réalité : c'est d'ailleurs tout aussi étonnant que de faire neuf prévisions justes, mais moins rentables.

La même année, l'associé de Targ, Hal Puthoff, exécuta suivant la même technique trente prévisions avec sept percipients à la fois, et vingt et une se révélèrent correctes : il gagna ainsi 25 000 dollars. Le point important est cet emploi du « vote majoritaire » entre sept percipients, technique fort efficace et si rarement appliquée.

Il est juste de dire que Targ essaya une autre technique plus compliquée avec les lecteurs d'un magazine plus ou moins ésotérique. Il leur demanda de deviner quel dessin choisi au hasard parmi une série, il leur enverrait la semaine suivante. Mais l'intéressant c'est qu'il utilisa à nouveau le vote majoritaire et sur neuf votes, huit furent corrects.

Encouragé par ces résultats, il eut l'idée d'intéresser à nouveau le jeu en prédisant les cours de l'argent... L'expérience continue, mais jusqu'à présent tout au moins (avril 1988) les résultats sont farouchement négatifs : sur huit essais, aucun succès...

La prévision des accidents de chemin de fer

Cox (1956) a examiné 28 accidents de chemin de fer, incluant des blessures de plus de 10 personnes. Le jour qui précède l'accident le nombre de billets vendus est significativement plus faible que dans les sept jours auparavant. Cox suppose que certains passagers peuvent avoir une précognition subliminale de désastre et changent leurs plans en conséquence sans savoir pourquoi.

Y a-t-il eu prémonition du désastre d'Aberfan?

On se souvient que le 21 octobre 1966 une colline de débris miniers et de charbon glissa sur une école d'Aberfan dans le pays de Galles, tuant 144 personnes dont les 122 enfants de l'école. Le Dr Barker, psychiatre, songea à la possibilité qu'un pareil désastre ait pu être l'objet de prémonition, dans des rêves ou autrement. Il demanda à un journaliste de ses amis de prévenir toutes les personnes qui avaient cru avoir une précognition de ce désastre de lui écrire aussitôt que possible *surtout si avant la catastrophe, elles avaient fait part de leurs prémonitions à des témoins* qui pourraient corroborer leur récit. Il reçut ainsi 76 lettres; et par un autre canal, 200 personnes firent part de rêves prémonitoires qu'elles avaient eus ou cru avoir; Barker n'examina avec soin que les lettres qu'il avait reçues personnellement. Il n'en retint que 60 après un premier tri : en écrivant aussitôt à tous les correspondants, il fut avisé dans 24 cas qu'il existait une confirmation indépendante. Parmi ces derniers, trois cas méritent d'être exposés in extenso.

Cas n⁰ 1. EMJ âgée de dix ans était une des jeunes défuntes. La déclaration a été lue et signée par les deux parents. L'avant-veille du désastre la petite fille dit à sa mère : « Maman, je n'ai pas peur de mourir. » Sa mère réplique : «Pourquoi parler de mort, tu es encore si jeune! veux-tu un bonbon? » « Non, répond-elle, mais je serai avec Peter et June » (deux camarades d'école). La veille du désastre : « Maman, laisse-moi te raconter mon rêve de la nuit dernière. » La mère répond doucement : « Chérie, je n'ai pas le temps maintenant : tu me le diras plus tard. » Mais la petite insiste : « Non, maman, tu dois écouter : j'ai rêvé que j'allais à l'école et il n'y avait plus d'école. Quelque chose de noir l'avait engloutie. » Le jour fatal, elle alla à l'école gaiement comme d'habitude; elle fut enterrée avec Peter d'un côté et June de l'autre...

Cas nº 2. Mrs. CM, âgée de quarante-sept ans, de Plymouth : « J'ai vu littéralement le désastre la nuit qui l'a précédé et je l'ai dit, à mon voisin, le lendemain matin avant que la nouvelle ne soit diffusée. D'abord j'ai vu une vieille école nichée dans une vallée, ensuite un mineur gallois, enfin une avalanche de charbon tombant d'une montagne... Au bas de cette montagne de charbon il y avait un petit garçon qui semblait effrayé à mort. Ensuite j'ai vu des opérations de sauvetage. J'avais l'impression que le petit garçon était resté dehors et qu'il était sauvé. Il avait l'air si terrifié et désespéré. Je ne pourrai jamais l'oublier non plus qu'un pompier qui était avec lui et qui avait un chapeau inhabituel et pointu... »

Mrs. CM décrivit sa vision à un cercle privé tenu dans une église le 20 octobre 1966. Cela fut confirmé par écrit par six témoins et la voisine de Mrs. CM, Mrs. VM, qui certifia qu'elle l'avait bien informée de sa vision à 8 h 30 le 21 octobre. Mais Mrs. CM continue :

« Et voilà le plus étrange de tout : comme je regardais à la télévision l'émission sur " la montagne qui avait bougé " le dimanche soir, j'ai vu le petit garçon terrifié parlant à un journaliste et aussi le sauveteur que j'avais vu dans mon rêve... »

Cas nº 3. Mr. H, âgé de cinquante-quatre ans, de Barnstaple :

« ... La nuit d'avant le désastre, j'ai rêvé d'une

102

grande quantité d'enfants dans deux chambres. Après un moment, quelques-uns des enfants en ont rejoint d'autres dans une pièce oblongue et ils formaient différents petits groupes. Au bout de la pièce il y avait de grands morceaux de bois ou des barres de bois. Les enfants voulaient grimper sur les barres de bois. J'ai essayé de les avertir mais aussitôt un garçon a glissé hors de ma vue. Je n'étais pas moi-même dans une de ces chambres, mais je regardais à partir du corridor. La chose suivante c'étaient des gens qui couraient vers le même endroit. Leur visage était terrible. Certains pleuraient et d'autres tenaient des mouchoirs sur leurs figures. Cela m'a tellement effrayé que je me suis réveillé. Je suis sorti de mon lit et j'ai voulu téléphoner à mon fils et à ma belle-fille de prendre bien soin de mes deux petites-filles : il était 6 h 45. Auparavant j'ai téléphoné à mon beau-frère que j'avais eu ce terrible rêve et que j'allais téléphoner à mon fils et à ma belle-fille, mais il m'a dit qu'il était trop tôt. J'ai attendu jusqu'à 8 h 45 et je leur ai téléphoné alors... Je n'ai pas entendu parler d'Aberfan avant 17 heures. »

Le coup de téléphone au sujet du rêve a été certifié par le beau-frère de Mr. H, Mr. PH qui a confirmé avoir reçu son coup de téléphone avant 9 heures, le jour du désastre d'Aberfan, où il lui demandait de bien prendre soin de ses deux petites-filles.

Plusieurs des rêves non reproduits et non confirmés par des témoins étaient aussi impressionnants que celui qu'on vient de lire. L'immense majorité des correspondants n'avait rien à voir avec Aberfan, dont ils n'avaient jamais entendu parler; ils ne possédaient non plus aucun ami ou aucun membre de leur famille résidant dans la région. Barker visita personnellement les cas les plus intéressants et fut impressionné par leur sincérité et par leur parfaite santé mentale : plusieurs des rêveurs déclarèrent n'avoir jamais eu auparavant un rêve semblable, surtout associé à un tel sentiment d'horreur. C'est d'ailleurs une remarque banale que les rêves prémonitoires paraissent au rêveur fondamentalement différents des autres.

Les conditions nécessaires pour juger d'un rêve prémonitoire selon Lambert (1965) :

• Le rêve doit avoir été raconté à un témoin digne de foi avant que l'événement auquel il se rapporte se soit produit.

• L'intervalle de temps entre le rêve et l'événement doit être court, car la possibilité d'une liaison accidentelle augmente au fur et à mesure que l'intervalle de temps augmente. Dans le cas d'Aberfan, les rêves se produisirent entre six semaines et quelques heures avant la catastrophe, la majorité une semaine avant.

• L'événement doit paraître improbable a priori au rêveur, et dans le cas d'Aberfan cette condition est évidemment tout à fait remplie : personne ne pensait à une catastrophe pareille (en dehors d'Aberfan, car dans le village il en était autrement, plusieurs personnes avaient attiré l'attention sur le danger d'un glissement de terrain; mais, à part la petite fille qui fut tuée, personne ne rêva de désastre à Aberfan même).

• La description doit s'appliquer à un événement qui doit vraiment se produire et non pas seulement à un événement symbolique.

• Les détails du rêve doivent concorder avec les détails de l'événement. Cette condition est généralement remplie pour Aberfan et même le cas n° 6 perçut dans le rêve le mot Aberfan mais ne put deviner à quoi cela pouvait se rapporter; le cas n° 21 a perçu « Aberfan » trois semaines auparavant.

Mais il faut revenir sur un phénomène auquel il a déjà été fait allusion et que le Dr Barker nomme « syndrome de prédésastre ». C'est l'angoisse parfois insupportable qui saisit certains sujets, toujours les mêmes avant une catastrophe... Barker soutient que ces réacteurs au désastre mériteraient une étude plus approfondie. Ajoutons qu'une des conséquences du désastre et de l'étude de Barker fut la création en différents pays d'un bureau des prémonitions, chargé de centraliser ces phénomènes et même de tirer la sonnette d'alarme en cas de prémonitions précises et concordantes.

Le naufrage du *Titan*

Morgan Robertson, auteur américain génial peut-être, et fou probablement, publia en 1898 un livre intitulé *Futility* qui voulait illustrer l'infirmité de l'homme en présence des forces inconscientes qui règlent son destin. Il y est question d'un navire, le *Titan,* le plus grand jamais construit par les hommes. Il était insubmersible, indestructible et par consé-quent « n'emportait que le moins possible de cha-loupes de sauvetage, juste pour obéir à la loi ». Ses 19 compartiments étanches se fermaient automatique-ment, en présence d'eau, et même avec neuf compar-timents inondés le navire pouvait encore flotter; aucun accident prévisible n'aurait pu en remplir autant « même s'il heurtait un iceberg à pleine vitesse, seu-

lement trois compartiments pouvaient être inondés ».
Au troisième voyage du *Titan,* de New York en
Angleterre, il heurte un iceberg et coule; très peu de
ses 2 000 passagers peuvent être sauvés.

Comme on le sait, le *Titanic,* dont le tonnage, le
nombre de passagers, les portes étanches qui se ferment
automatiquement et le petit nombre de chaloupes de
sauvetage rappelaient exactement le *Titan,* trouva sa
perte comme lui dans l'Atlantique en heurtant un
iceberg; et comme dans le cas du *Titan* très peu de
passagers furent sauvés...

Comment une idée pareille était-elle venue à
Robertson? On ne le sait; mais il eut d'autres prémonitions : il écrit dans une nouvelle en 1912 que la
Marine américaine est l'objet d'une attaque surprise
par les Japonais dont la flotte est basée aux Philip-
pines; une autre nouvelle, également en 1912, parle
d'un engin qui repère les objets au loin « au moyen
de sons inaudibles », une sorte de sonar en somme; et
il propose même que l'engin puisse servir à éviter des
désastres comme ceux du *Titanic.*

Psy et espace

C'est une des expériences les plus curieuses que j'ai faites et j'aurais bien voulu la continuer...

Voici pas mal d'années de cela, on me recommanda une voyante américaine qui, paraît-il, donnait des résultats extraordinaires, et sur l'insistance de quelques amis, je lui fis subir un test : c'est-à-dire que je lui envoyai un dessin à la plume très grossier, représentant un mur avec un portail; c'était le portail du cimetière (ma première femme était morte peu de temps auparavant); mais le portail n'était surmonté d'aucune croix ni d'aucun emblème : c'était un portail très banal comme le mur qui l'entourait. Et j'envoie le dessin en Amérique.

Réponse surprenante : il s'agit d'un deuil, qui a donné lieu à des querelles pour une question d'héritage... Scrupuleusement exact.

Alors j'ai décidé d'envoyer la bonne dame sur la Lune, où devait partir justement la Mission Apollo 14 : je lui ai demandé de décrire ce que les cosmonautes allaient trouver.

Oh! cela n'a pas été tout seul! D'abord elle avait peur, peur de ne plus revenir... Au diable la peur! c'est pour la science, voyons, lui ai-je répliqué. Mais ce sexe si différent du mien n'attache point du tout à la science l'importance que lui accordent les mâles. Enfin j'ai dépensé des trésors de persuasion et elle a fini par accepter de me faire une voyance. Voilà ce qu'elle m'écrivit :

« Pas vu grand-chose... Un grand trou noir, ce doit être un cratère. Je suis sur le bord et en passant la main sur la pierre je trouve que c'est doux et très froid, comme de la mousse; mais c'est idiot, je sais bien qu'il n'y a pas de mousse sur la Lune. Ah oui, il sort quelque chose du cratère, de la fumée; mais cela aussi c'est bête, je sais bien que les cratères de la Lune sont éteints. Enfin, pas loin du cratère, il y a une curieuse roche blanche... Zut! je reviens... »

Or il se trouve que les cosmonautes allèrent effectivement sur les bords d'un cratèrc (le « Cone Crater », d'après Mitchell); ils caractérisèrent effectivement une émission gazeuse sortant du cratère (oh! sans doute ce n'était pas de la fumée! mais les émissions gazeuses sur la Lune sont tout de même plutôt rares).

Mais l'histoire ne s'arrête pas là. J'ignorais à l'époque qu'Allan Vaughan exécutait également des voyances dans le cas des différentes missions Apollo, et précisément d'Apollo 14; et qu'avait-il vu? : un alunissage plutôt pénible (exact) et la visite d'un cratère avec une roche blanche curieuse dont les cosmonautes avaient détaché quelques fragments...

J'étais rempli d'enthousiasme, et lorsqu'il fut question d'envoyer une sonde sur Mars je suppliai ma voyante d'aller y faire un tour au préalable. Je savais exactement où il fallait aller : non pas sur Syrtis Major où la sonde se posa bêtement un peu plus tard. Mais au fond de Valles Marineris, l'énorme canyon de trois mille mètres de profondeur : parce qu'à trois mille mètres au-dessous de la surface de Mars la pression atmosphérique doit être nettement plus forte; et comme il y a de l'eau sur Mars, pourquoi ne trouverait-on pas là de la végétation? Et si on en trouve, ce seront des sortes de lichens. Forcément.

J'expliquai tout cela à la voyante et j'étais débordant d'impatience. Mais hélas, cela ne marcha pas cette fois-ci : elle avait trop peur de ne pas revenir, et c'était trop loin. Mais je n'ai pas renoncé à ce type de projets.

En effet aucune fraude n'est possible, si du moins la voyance est assez détaillée. C'est une superbe expérience, et elle ne coûte pas cher. Et je crois bien avoir trouvé deux ou trois sujets que je vais envoyer au fond de Valles Marineris [1].

Rencontre avec un promeneur du cosmos

Je me demande si je n'étais pas fait pour courir les aventures plutôt que de rester enfermé dans un labo. Mais bah! l'aventure intellectuelle vaut aussi la peine d'être vécue, davantage peut-être que toutes les autres... J'ai toujours adoré les étoiles et tout ce qui touche à l'astronomie et c'est pourquoi j'ai goûté particulièrement une étrange rencontre. C'est un de mes collègues, scientifique fort connu d'ailleurs, qui un jour, à propos

---

1. J'ai cité le nom de Vaughan. Très curieusement il a fait surtout des voyances sur le départ des fusées plutôt que sur ce qu'elles allaient trouver sur la Lune. Il a ainsi prévu différents accidents (mais avec des détails, il ne se borne pas à dire, il y aura un accident, il précise : dans l'alimentation en oxygène, à l'atterrissage). Il accepterait peut-être d'aller sur Mars...

d'un entretien administratif s'est évadé vers des perspectives beaucoup plus intéressantes.

— Oui, m'a-t-il confié, comme je sais que vous vous intéressez aux sciences maudites, sachez qu'elles me passionnent, moi aussi. Voyager à travers l'espace et le temps, quel rêve!

— Oui, mais rien que pour la Lune, les billets de passage sont encore très chers. Quant au voyage dans le temps...

— Mais si, mon cher, c'est très possible, mais pas avec toute la quincaillerie avec laquelle on joue sur les cosmodromes; non pas; il suffit de projeter sa conscience hors de l'espace-temps.

Il m'explique qu'il a réalisé les expériences de Targ et Puthoff, mais bien avant eux; il faut pratiquer une technique très connue des yogis, *entrer consciemment dans le rêve,* savoir en rêvant qu'on rêve, et pouvoir infléchir à volonté le déroulement des images. Alors, après des mois et des années d'effort, quand on a réussi à rêver en gardant sa conscience éveillée, on sort de l'espace et du temps...

— Oui, le temps n'est plus un obstacle; j'ai vérifié par moi-même certaines théories que je m'étais formées concernant les champignons fossiles, en allant à l'ère primaire vérifier leur mode de reproduction : ce qui m'a permis, une fois revenu à notre époque, d'interpréter certaines images microscopiques que je ne comprenais pas.

— Avez-vous vu des dinosaures?

— Oui, ils ressemblent tout à fait à l'idée que nous nous en faisons mais la tête de certains ressemble à celle des dindons : ils semblaient d'ailleurs, c'est curieux, s'apercevoir de ma présence, et je ne sais pourquoi, je n'ai jamais pu les voir que de profil?

Je lui ai demandé d'aller faire un tour sur la planète Mars et spécialement au fond du grand sillon Valles Marineris; et de regarder s'il y existe des traces de vie.

– (Quelques jours plus tard.) J'ai fait un tour sur Mars. Je suis d'abord allé voir les fameuses pyramides qu'on dit encadrer une sorte de tête géante qui regarde le ciel.

– Oui, des photos assez curieuses mais pas bien nettes ont été publiées...

– Je crois qu'il ne faut pas s'énerver là-dessus; la tête, c'est un énorme rocher qui m'a l'air d'une formation tout à fait naturelle, et les pyramides aussi quoique d'une nature géologique différente.

– Et Valles Marineris?

– Ah cela, c'est une autre histoire! beaucoup plus amusante. J'ai vu des flaques et même de l'eau ruisseler sur le bord d'un bassin.

– Hein? mais vous savez bien qu'il n'y a pas d'eau liquide sur Mars, bien que la planète en contienne certainement beaucoup, mais elle est gelée, ou alors imbibe les couches souterraines...

– Cela, mon cher, c'est la Loi et les Prophètes qui le disent! mais pour les impies que nous sommes, mieux vaut considérer l'information récente suivant laquelle Valles Marineris pourrait bien constituer un piège thermique. En tout cas, moi je n'en démords pas : il y avait des flaques et dans les flaques quelque chose qui bougeait. Et alors, je sais bien que c'est bizarre pour le paléontologiste que je suis, mais ce qui bougeait, ça ressemblait à des trilobites. Et il y avait aussi des plaques blanchâtres mais je ne crois pas que c'étaient des algues, plutôt des colonies bactériennes, associées à des filaments de champignon, en quelque sorte un nouveau type de lichen non chlorophyllien?

Il m'a parlé aussi d'une certaine colline qui paraît encerclée par des pierres taillées, une sorte de mur; mais il ne l'a vue qu'une fois, et l'ennuyeux c'est qu'il ne la retrouve plus : car le voyage mental n'est que faiblement directionnel et il est difficile de viser un point précis à moins qu'il ne se remarque très aisément comme Valles Marineris.

Fariboles? Peut-être... Mais il est possible que nous ayons un moyen de vérification indirect. Je recherche actuellement des voyants du type de mon ami qui accepteraient eux aussi d'aller sur Mars. Nous pourrions comparer les différents récits. S'ils concordent, indépendamment les uns des autres, bien sûr, ce serait curieux... Et puis un de ces jours, on va bien lancer une ou plusieurs sondes vers Mars et on verra ce qu'on verra...

Pour l'instant nous sommes en train de viser une curieuse formation circulaire, qui n'est pas un cratère, et dont le bord paraît dentelé. Je ne suis point un expert de la géographie martienne, mais je crois que c'est auprès de Trivium Charontis...

Travail industriel et fonction psy

Morris part de l'hypothèse que la fonction psy, que nous croyons rare, s'exerce en réalité dans la vie de tous les jours et notamment au niveau du travail industriel.

Considérons en particulier les pannes qui surviennent dans certains équipements délicats et justement dans les ordinateurs. Selon Doyle, beaucoup de ces pannes ne s'expliquent guère par des défaillances propres à la machine car il s'agit la plupart du temps d'équipements hautement fiables. D'autre part, certaines personnes sont bien connues pour « provoquer la déveine », autrement dit pour avoir toujours des ennuis avec les machines. Enfin il y a « la panne du directeur général », qui est un objet de plaisanteries parmi les ingénieurs ou les vendeurs de matériel compliqué : ils ont tous remarqué que les pannes surviennent très souvent dans leurs appareils en cours de démonstration quand un haut dignitaire de l'usine entre dans la pièce et amène inévitablement un regain de tension. De cet ordre était sans doute la « panne de Pauli ». Le célèbre physicien, par ailleurs incapable de réussir le montage le plus simple, était bien connu pour provoquer des catastrophes dès qu'il entrait dans un labo : c'est au point qu'un appareil refusait-il soudain de fonctionner? Les physiciens exaspérés se disaient : « Parions que Pauli est dans le labo », et c'était assez souvent vrai... Mais tout cela ne restera sans doute pas éternellement du domaine de la plaisanterie : à la lumière de ce que nous savons maintenant, il est vraisemblable que certaines personnes ont un « psy négatif » qui interfère avec les machines, et qu'il conviendrait d'étudier. De même pour les retours anormaux d'objets manufacturés, à cause de déficiences alléguées par l'acheteur. Les vendeurs de films, par exemple, connaissent bien certains clients qui retournent leurs films sous prétexte qu'ils sont déficients ou voilés : *et ils le sont en effet.* Or nous savons que certains sujets, comme Ted Serios, peuvent effectivement impressionner à distance la plaque photographique.

Psy et police

Nous entrons ici dans un domaine bien difficile à explorer et pour une excellente raison : les policiers (fort nombreux je crois) qui utilisent les services d'un voyant n'ont pas envie de s'en vanter. Si le voyant n'a pas de succès, leurs chefs leur demanderont certainement quelle mouche les a piqués de s'occuper de pareilles fariboles et les encourageront fermement, dans l'intérêt de leur carrière, à ne plus recommencer. Si les choses tournent bien, ce sera pire : les journalistes deviendront fous d'excitation, le tintamarre sera effroyable, la secte rationaliste les couvrira d'injures et refusera de les croire en tout état de cause. Et derechef, leurs supérieurs les trouveront encombrants, malhabiles et indignes de figurer sur le prochain tableau d'avancement. Donc, dans toutes les hypothèses, mieux vaut ne rien dire et attribuer la découverte d'un coupable à sa propre sagacité. C'est pourquoi je me trouve bien embarrassé pour parler de l'utilisation de psy par la police, car dans beaucoup des cas cités, les sources ne sont pas vérifiables, les personnes concernées indiquées seulement par des initiales et le lieu trop sommairement précisé. On se demandera alors pourquoi je parle néanmoins de ce sujet.

115

Pour deux raisons. La première est que nous disposons tout de même de certains dossiers et en particulier d'un voyant, Gérard Croiset, qui malgré son nom, était hollandais, et a été étudié pendant de longues années par le professeur Tenhaeff. Sa spécialité était la recherche des personnes disparues et sa collaboration avec la police fort étroite (la police en convenait, cette fois-ci, une fois n'est pas coutume!). La seconde raison qui me pousse à écrire là-dessus est personnelle : j'ai eu connaissance d'un cas fort détaillé où un voyant français a déterminé l'arrestation d'un meurtrier et l'a même désigné parmi un lot d'une dizaine de photos qu'on lui présentait. J'ajoute que le crime s'était passé à des centaines de kilomètres du domicile du voyant, dans un village de Corse qu'il ne connaissait nullement. La police aurait accepté de présenter toutes les pièces montrant le déroulement de toute l'histoire, mais à un moment qui n'est pas encore déterminé; et je me suis engagé à me taire, ce qui me navre. Mais l'histoire de Croiset et cette histoire personnelle me convainquent que l'application de la fonction psy est ici en plein développement.

Histoire de Croiset

Elle a été racontée dix mille fois, c'est pourquoi je me borne à la rappeler brièvement. Croiset n'était intéressé que par deux sujets : la recherche des personnes disparues et le « tour des chaises ». C'est-à-dire qu'il désignait dans une salle de cours, et parfois avec une précision incroyable, les caractéristiques de la personne *qui viendrait s'asseoir* sur cette chaise le lendemain. Pourtant, lorsque Croiset rencontra Rhine, le résultat de la confrontation ne fut guère brillant.

– Ah! vous êtcs voyant! lui dit à peu près Rhine. Eh bien, asseyez-vous là, nous allons mesurer votre clairvoyance avec les cartes de Zener!

Croiset, ahuri, ne comprenant pas du tout ce qu'on lui voulait, essaie, mais en vain, de lui expliquer son cas, et qu'il ne s'intéresse aucunement aux cartes de Zener : mais Rhine n'en voulut pas démordre – et Croiset non plus... Terrible caractéristique de beaucoup de scientifiques et spécialement des Américains : ils sont concernés par la méthode plus que par le problème...

Mais la clairvoyance assaisonnée de précognition que l'on voit agir dans le tour des chaises ne nous intéresse pas ici.

Dans la recherche des personnes disparues et spécialement des enfants, Croiset était étonnant et décrivait souvent avec beaucoup de précision où l'on pourrait trouver l'enfant, généralement mort. Parfois même et au moins dans deux cas il affirma que l'on trouverait le cadavre à un certain endroit le long d'un canal hollandais qu'on identifia : mais il n'y avait point de cadavre! *Il n'arriva à l'endroit indiqué que le surlendemain!* Ceci est assez fréquent chez les voyants : ils ne distinguent pas nettement le passé, le présent et l'avenir... – Je ne crois pas que les performances de Croiset aient jamais été mises en doute sérieusement par une personne ayant étudié impartialement son dossier.

Les observations de Tenhaeff

Le professeur Tenhaeff d'Utrecht a donc consacré une très grande partie de sa carrière scientifique à l'observation de Gérard Croiset. Le point intéressant est qu'il s'entourait de toutes les garanties possibles; dans le cas de Croiset notamment il s'efforçait d'obtenir de la police une déclaration écrite comme quoi les services du « paragnoste » avaient été utiles pour retrouver une personne disparue ou arrêter un criminel. En voici quelques exemples :

Cas n° 2. Le 12/2/55, le charpentier de navires Hagwoort d'Urk, un petit bourg de pêcheurs au bord de l'Ijselmeer, l'ancien Zuidersee, téléphone à Alpha (Croiset) et l'entretien est enregistré. Il l'avise de la disparition, dans l'après-midi de la veille, du jeune Jelle Schenk. Alpha, qui n'est jamais allé à Urk, a aussitôt une intuition qu'il fixe par écrit. Il voit la base immergée d'un quai, et auprès d'un entrepôt, une grange de couleur foncée ou quelque chose d'analogue. Ensuite un port pour les bateaux. Il donne des coordonnées : tirez un trait de l'entrepôt jusqu'aux bateaux et un deuxième trait à angle droit avec le quai; à l'intersection se trouve le corps de l'enfant qui s'est noyé. Les policiers ne sont pas du tout d'accord, parce qu'ils ont déjà fouillé le plan d'eau; et si le corps s'était trouvé à l'endroit indiqué, le courant qui est violent l'aurait entraîné. Toutefois avant de fouiller le bassin pour la seconde fois, le garde Scheffer enfonce une perche à l'endroit indiqué – et il trouve le cadavre de l'enfant.

Cas n° 5. Le 5/2/48, la firme Werkspoor d'Amsterdam constate le vol de 84 grammes de platine. La police alertée ne trouve pas le coupable. Un des policiers fait appel alors à la « psychoscopiste » Mme W. On lui remet comme « inducteur » la caissette dans laquelle était le morceau de platine. Elle décrit d'abord un homme avec une serviette de couleur claire qui fréquente la gare centrale d'Amsterdam : mais on reconnaît aussitôt le chef du laboratoire qui, pour des raisons de sécurité, emmène souvent la caissette dans sa serviette à son domicile près de Haarlem.

La voyante décrit alors un jeune homme qui travaille dans le laboratoire : blond, une vingtaine d'années, frêle, avec de petites mains. Il a pris le platine et l'a proposé à un marchand qui habite sur la Nieuwe Keizersgracht au-dessus d'un tailleur. La police, se guidant sur ces indications, a appréhendé le jeune homme qui a avoué; et on a retrouvé effectivement le marchand à l'endroit indiqué. La totalité de l'histoire figure dans le protocole officiel d'enquête de la police criminelle d'Amsterdam.

Mais il arrive aussi que des interférences curieuses se produisent, qui tiennent à des particularités dans la vie du sujet ou dans celle du voyant. Par exemple, le cas suivant :

Cas n° 7. En 1949 à la suite d'un vol de bijoux dans une bijouterie de Zwolle on demande à Alpha de retrouver le voleur. Comme inducteur, on lui remet une brique que le voleur a lancée dans la vitrine. Alpha ne voit qu'un enfant de huit ans, orphelin, en violente opposition avec le directeur de l'orphelinat qui l'a fait mettre à genoux et roué de coups. Ces indications étaient sans valeur pour la police. Mais quelques mois plus tard, elle appréhende le voleur et découvre que vers l'âge indiqué par le voyant, il avait été effectivement pensionnaire d'un orphelinat où le directeur l'avait battu. Tenhaeff trouva que Croiset avait dans sa jeunesse souffert d'un épisode exactement analogue dans un orphelinat et en avait gardé une extrême amertume... Il avait tendance à repérer des cas semblables au cours de ses voyances et ne parvenait plus à s'en détacher...

Les étranges capacités de Jean-Louis Crozier

L'homme est assez corpulent, d'un âge moyen, s'exprimant très simplement avec une pointe savoureuse d'accent méridional; je l'ai rencontré au Puy-en-Velay, au cours d'une réunion sympathique et confidentielle de quelques amis. Nous avons formé un petit cercle de chercheurs du bizarre, un peu analogue, en beaucoup moins développé, à ce que font nos amis belges qui publient la revue *Kadath* [1].

Nous avons discuté sur le passé mystérieux de la ville du Puy, en compagnie d'un excellent archéologue... Je ne me doutais pas que j'avais à ma droite une sorte de martien, Jean-Louis Crozier justement;

---

1. Il en faudrait beaucoup comme les gens de *Kadath*! l'establishment ne peut les étrangler, car médecins, ingénieurs, architectes, ou quelle que soit leur profession, ils sont tous en dehors, les heureux hommes, du maquis universitaire. Et ils ont décidé de s'intéresser, en archéologie particulièrement mais non uniquement, à toutes les questions devant lesquelles la science officielle recule d'horreur : Glozel, par exemple (terrible et scandaleuse histoire...), ou même à l'Atlantide, à la science perdue des anciens, que sais-je encore... J'ai passé de bien bons moments en leur compagnie...

il possède des capacités qui laissent loin derrière elles nos pauvres expériences de laboratoire.

Il retrouve les personnes égarées sur photographie, à des milliers de kilomètres en cas de besoin. Sur 500 cas qu'on lui a soumis à ce jour il en a effectivement retrouvé plus de 125 [1].

Les talents de Crozier, qui remontent à son enfance, se sont d'abord exercés dans la découverte de l'eau sur le terrain. Il travaille maintenant à partir de photographies de personnes disparues, photographies très récentes de préférence car sur des photos trop anciennes il lui est arrivé de désigner comme mortes des personnes vivantes. Il se concentre alors sur la photo, puis en présence d'une carte détaillée de la région où elle semble avoir disparu, et en s'aidant d'un pendule, il cherche à la localiser. A ceux qui fronceraient le sourcil devant le bon vieux pendule du magnétiseur, je rappellerai que le plus important ici c'est Crozier et non pas son pendule : s'il croit que cet ustensile améliore ses performances, le plus simple est évidemment de le laisser faire. Il ne retient comme des succès que les détections exactes à cent mètres près... Mais la gendarmerie d'Aubenas, avec laquelle il travaille régulièrement, ne fait aucune difficulté pour reconnaître qu'il a réussi plusieurs détections à cinq cents mètres près, ce que les gendarmes considèrent comme bien suffisant...

Ici qu'on me permette d'ouvrir une parenthèse, car j'entends les hurlements de nos collègues rationalistes : voilà bien le dernier degré du gâtisme! Vous ne rougissez pas d'admettre la détection sur carte! Eh!

---

1. Mlle de Brosses m'a aimablement communiqué les renseignements qui vont suivre.

répondrai-je, la question n'est pas de savoir si je l'admets ou si je ne l'admets pas : c'est que je l'ai vérifiée moi-même. A propos d'un curieux problème archéologique j'avais transmis à Crozier une photo par satellite, en fausses couleurs, d'une lointaine région du globe, sans lui dire bien sûr de quoi il s'agissait : et il m'a fait alors la plus belle voyance dont j'aie jamais été le témoin.

C'est pourquoi je suis porté à croire ce que racontent les gendarmes, à propos de l'affaire Recco, un pêcheur corse qui avait tué deux jeunes femmes montées à son bord. Les gendarmes corses, n'ayant aucun indice, transmirent à Crozier les photos de plusieurs suspects, et Crozier indiqua immédiatement celle de Recco, en ajoutant qu'il avait sur le continent un frère emprisonné pour meurtre. Recco passa peu de temps après aux aveux...

La gendarmerie fait couramment appel à Crozier imitée certainement comme je l'ai déjà dit par une foule de policiers qui recourent à des voyants, sans trop s'en vanter...

Quant au mécanisme de cette étrange perception à distance, il est extrêmement mal compris. A moins que... Crozier ne supprime le temps et la distance, et que, sans même s'en apercevoir, il se retrouve même imparfaitement sur la scène du crime en train de se commettre...

Ce que disent Hibbard et Worring

Hibbard et Worring sont deux enquêteurs privés du Montana qui se sont intéressés depuis longtemps aux applications de la fonction psy dans la recherche des criminels, en collaboration avec la police. Je ne m'étendrai pas sur les nombreuses réussites qu'ils énumèrent, sans cacher les échecs : car les voyants ne sont que des hommes, et donc soumis à l'erreur. Ces cas, comme d'habitude, sont cités sans les précisions nécessaires. Mais une longue pratique leur a permis de dégager des règles fort intéressantes pour l'usage de la « criminologie psychique » :

1. D'abord un très grand nombre de policiers avouent avoir des prémonitions, qu'ils n'appellent d'ailleurs pas comme cela, se trouvent bien de les suivre et regrettent souvent de ne pas les avoir suivies. L'un raconte, par exemple, qu'il était en faction dans une « zone sensible » qu'il connaissait bien, lorsque l'heure étant avancée, il songea à aller se coucher; mais un « avertissement » lui parvint : « Reste encore un peu. » Ah non! lui reprocha sa raison consciente, vas-tu suivre maintenant n'importe quelle impulsion plus ou moins folle? Il partit : vingt minutes plus tard, le magasin qu'il surveillait était dévalisé... Ce qui ne signifie rien si l'on ne considère que ce cas unique : mais tous les policiers conviennent que c'est fréquent. Cela n'a rien d'étonnant, remarquent Hibbard et Worring : ces gens sont entraînés à utiliser leurs facultés d'attention et leur intuition; il se pourrait bien qu'en même temps ils développent leur fonction psy...

2. Lorsqu'on prétend prospecter un cas délicat en s'aidant de la fonction psy, il faut tâcher de savoir s'il n'existe pas dans la ville des personnes douées des facultés que vous recherchez; d'après Hibbard et Worring, rien n'est plus facile, en consultant les tenanciers des boutiques ésotériques et diététiques et en leur exposant l'objet de vos recherches; ils s'empressent de vous indiquer aussitôt des « voyants » plus ou moins

renommés; et, comme vous ne tardez pas à vous en apercevoir, plus ou moins charlatans. Au bout de peu de temps vous vous apercevez qu'on vous cite à peu près les mêmes personnes, ce qui veut dire que vous avez fait le tour de la question.

3. Reste à trier ce matériel hétérogène. Il est facile d'éliminer les fous furieux et les escrocs avérés. Mais il existe un test fort intéressant pour départager ceux qui restent après ce premier tri. Hibbard et Worring proposent de leur soumettre comme problème un cas déjà élucidé (s'ils découvrent la supercherie, ce sont vraiment d'excellents voyants : mais cela ne s'est pas produit, semble-t-il). Ce test est important parce qu'il propose aux sujets une situation analogue à celle qu'ils auront à démêler un peu plus tard. Rien de commun, on le voit, avec l'aberration qui consiste à présenter à Croiset un paquet de cartes de Zener [1].

La manière de traiter les voyants a beaucoup d'importance. D'abord il faut savoir qu'en général dans une ville, *ils se connaissent tous* et tiennent même des sortes de colloques de temps à autre. Ensuite il s'agit souvent, dans les cas les meilleurs, de personnes d'une certaine éducation et d'un niveau social moyen; leur degré de sérieux est facilement apprécié d'après deux critères : ils ne demandent pas d'argent, et ils veulent garder l'anonymat (ce qui ne veut pas dire évidemment qu'un voyant qui fait le contraire ne

---

1. Comme on va le voir plus loin Osis n'est pas du tout d'accord. Il soutient que ce test préalable épuise la faculté psy et que le sujet dit ensuite n'importe quoi. Mais si on fait ce test la veille ou l'avant-veille de l'interview proprement dite, l'objection me paraît moins grave.

124

dispose pas de dons réels et l'exemple en est Uri Geller; mais il est bien plus difficile à manier!).

Ensuite, très souvent le voyant a un vocabulaire spécial, il parle d'une « entité » qui le guide; ou encore utilise différents procédés : soit la psychométrie simple, soit l'écriture automatique ou le pendule. Il a aussi un système du monde plus ou moins bizarre qui lui tient beaucoup à cœur. Il *faut éviter de le contredire et surtout de le contredire vivement* si absurde que ce système vous paraisse; il faut se souvenir que ces voyants sont par essence des organismes fragiles, à manier avec précaution.

Reste la question essentielle : dans les cas où l'on dispose de plusieurs voyants peut-on les utiliser ensemble? La question est délicate et la réponse manque de netteté. Hibbard et Worring ne sont sûrs que d'une chose : il ne faut pas les interroger ensemble, c'est-à-dire en même temps, dans la même pièce. Par contre ils sont moins affirmatifs sur l'interrogation séparée, chaque sujet ignorant qu'on pose les mêmes questions à quelqu'un d'autre... Mais si l'on observe toutes ces précautions, les résultats sont-ils supérieurs à ceux que fournirait un voyant unique? Il semble que oui mais pas dans tous les cas.

Deux criminels retrouvés par le groupe Möbius

Schwartz raconte deux enquêtes criminelles effectuées avec collaboration de médiums (il a obtenu exceptionnellement la permission du *District Attorney* de Lancaster, Pennsylvanie, de divulguer ces renseignements). Il s'agissait d'un enfant porté disparu, mais sans qu'on ait une raison de penser qu'il était mort.

Schwartz étudia le cas avec seulement les deux sujets dont il disposait à ce moment.

L'un des sujets indique que la petite fille a été l'objet d'un viol précédé de brutalités diverses. Le second pense également à un viol, mais n'affirme pas qu'il a été poussé jusqu'au bout. Évaluation du *District Attorney* (lettre du 9 janvier 1981). « Le corps de la jeune fille a été trouvé sans vêtements avec les bras liés derrière le dos, sa blouse et son soutien-gorge à quelque distance : les vêtements lacérés avec un couteau. »

Cause de la mort : Un sujet dit : la cause de la mort a été la suffocation. L'autre pense que c'est un coup sur la tête. Or d'après l'*Attorney :* « On a trouvé à l'autopsie que la victime avait eu une genouillère (knee sock?) enfoncée dans la gorge avec en plus une fracture de la pommette, s'étendant jusque dans la région des sinus; le médecin indique que le coup a causé un saignement des sinus et le sang imbibant la genouillère a provoqué la suffocation. » Nous avons donc ici un consensus, bien qu'au début il semblât qu'une contradiction entre les deux lectures à distance était apparente. Schwartz remarque que les voyants n'ont pas toujours raison et n'ont pas raison tout le temps : il est donc préférable à son sens de s'aider de plusieurs voyants. Cette opinion, comme nous le verrons, n'est pas partagée par tout le monde.

Rapports de la victime et de l'assassin. « La personne qui a fait cela connaissait la victime. » « Je pense qu'elle connaissait l'assassin, mais pas très bien. » « Je me demande si c'est en rapport avec l'école; ce n'est pas loin d'elle, seulement trois ou quatre miles. La tombe n'est pas loin de l'école. » Le *District Attorney :* « Le rapport entre la victime et l'assassin est très bien vu, bien que je ne voie pas de rapport avec une école ou un maître d'école au sens habituel. Le suspect est un étudiant en arts martiaux et a donné à la victime quelque instruction dans ce sens en une occasion au moins. La tombe était à trois ou quatre miles du domicile de l'assassin, où il donnait ses leçons. »

La voiture. « Une vieille automobile : un vieux camion dans lequel ils ont transporté le corps. » Le *District Attorney :* « Notre enquête indique que la victime a été transportée sur le siège arrière d'une grosse voiture américaine d'un ancien modèle. »

Les caractéristiques de l'agresseur. « Cela n'est pas arrivé qu'une fois; une chose analogue s'est produite avant : l'assassin a eu dans sa vie un comportement étrange, et il s'est livré à des violences sur d'autres. » *L'Attorney :* « L'accusé a déjà violé sa femme dont il était séparé. Dix ans auparavant, on l'a arrêté pour avoir brutalisé une jeune fille amish. L'année dernière il a été hospitalisé dans un hôpital psychiatrique. »

En résumé, voilà les indications que donnèrent les voyants : « Le corps a été placé dans une voiture, emmené à la campagne, passé par-dessus une barrière. Il y avait beaucoup de feuillage, un sentier, une petite ville à côté; il y avait du sang mais pas beaucoup. » *L'Attorney* partit de ces bases pour commencer l'enquête : le corps était bien dans une zone rurale, dans un sentier coupe-feu à travers les bois, dont l'entrée était bloquée par un câble. Il y avait un peu de sang et la ville est à trois ou quatre miles.

L'application de la voyance aux enquêtes criminelles

Le Dr Karlis Osis est un parapsychologue très connu, qui a récemment essayé de critiquer les techniques de voyance dans 30 recherches de criminels. Il eut, il est vrai, la chance de travailler avec un « grand sujet », Alex Tanous; mais il n'est pas très incliné à faire appel aux voyants locaux : le tri des grands sujets dans la masse des charlatans est d'après lui trop laborieux (je dirai simplement, à l'appui de Hibbard et Worring qui recommandent au contraire cette dernière méthode, qu'on est bien forcé de l'employer quand on n'a personne d'autre sous la main).

Voilà d'après Osis quelles sont les précautions à prendre :

La visite sur le terrain est souvent demandée par quelques sujets. Elle peut être utile, ou, si étonnant que cela puisse paraître, nuisible. Si elle n'est pas réalisée dans le plus grand calme avec le sujet accompagné seulement de l'expérimentateur, le sujet peut être induit dans des idées préconçues par les personnes qui donnent leur avis, même et surtout quand on ne le leur demande pas, et qui sont très excitées par la présence d'un voyant. Il arrive très souvent que le voyant y gagne des suggestions dont il n'arrive plus à se défaire.

La longueur des séances. Il est très important de se rappeler qu'on ne force pas psy à se manifester et la volonté n'y fait rien. La plupart du temps un sujet n'est guère efficace au-delà de trois heures maximum, même s'il propose d'aller plus loin. Un certain nombre de questionneurs font une erreur fatale : ils cherchent d'abord à tester le sujet en lui demandant des détails sur une affaire déjà connue; et le sujet leur décrit différents détails, comment était la victime, etc. Mais lorsqu'ils le questionnent ensuite sur l'affaire en cours, il ne dit plus rien d'intéressant parce que la période favorable, qui est courte, est passée (pas d'accord, répondent Hibbard et Worring voir plus haut).

De même, convient-il d'interroger le sujet plusieurs jours de suite sur le même thème? Osis est sceptique quant aux bénéfices qu'on peut en retirer. Toutefois, il me semble qu'on pourrait sans doute – et cela a été fait, et réussi – interroger le voyant, à plusieurs jours de distance, sur un aspect de l'affaire qu'on n'avait pas évoqué; ou encore, et Osis le propose lui-même, l'emmener sur le terrain, mais loin des curieux. Moyennant quoi, on a souvent glané des informations de valeur.

Un ou plusieurs sujets peuvent-ils opérer sur la même affaire? C'est la fameuse question du vote de majorité où l'on combine plusieurs réponses de la même personne en dégageant la tendance la plus forte; ou, et ce n'est pas du tout la même chose, on interroge plusieurs sujets sur le même problème. Il existe peut-être dans la technique du vote de majorité un moyen d'amplifier la fonction psy, et de fait, certains travaux vont dans ce sens. Mais le nombre de recherches systématiques sur ce point si important est ridiculement petit. Toujours est-il que si l'on veut faire travailler plusieurs sujets à la fois, il faut surtout, on l'a vu, qu'ils ne soient pas ensemble, et il est préférable qu'ils ne se connaissent pas; il faut aussi qu'ils ignorent qu'on a interrogé d'autres personnes. Osis, dans le cas d'un tueur canadien nommé Berkowitz, engagea six sujets et sur les six un seulement donna des divinations exactes. On ne peut conclure.

Variations dans la motivation du sujet. Il est très frappant de remarquer qu'un très grand succès dans la voyance du crime détourne souvent le sujet de continuer ce genre d'exercices. Cela tient au fait que la voyance est parfois trop précise et même atroce.

Le contact avec la personne qui prend l'interview. C'est un moment très dangereux parce qu'il n'y a guère d'interviewer qui ne donne au voyant des suggestions inconscientes; et, ne l'oublions pas, le voyant est justement quelqu'un de très réceptif. La technique que préférait Tanous était l'isolement dans une cabine insonorisée où il ne communiquait avec l'expérimentateur que par téléphone; il était libre de couper la communication quand il voulait réfléchir. Les questions à poser doivent se limiter à des demandes de précisions : toujours observer les plus grandes précautions verbales pour ne pas influencer le sujet.

Les rapports avec les familles des victimes. Peuvent être dangereux dans un certain sens parce qu'ils peuvent bouleverser le sujet. Il faut absolument préserver une atmosphère de calme au moins dans les premiers temps; lorsque le sujet aura formulé diverses directions générales, on peut évidemment lui demander des précisions, mais, pas d'appréciations personnelles du genre « c'est impossible, voyons! ça n'a pas de sens : c'est contradictoire » : comme le dit Osis, laissez ce genre de recherches de côté si vous avez l'habitude de vous conduire comme un éléphant dans un magasin de porcelaine (les Américains disent : « a bull in a china shop »).

L'exposé du cas. Bien sûr, nonobstant toutes les précautions qu'il faut prendre, on en vient fatalement à un certain moment à l'exposé de l'affaire; dans ce cas une précaution essentielle, *n'exposez que les faits et non les hypothèses :* beaucoup de sujets risquent de les adopter rien que pour vous faire plaisir. Une aide importante est d'ordre *psychométrique,* c'est-à-dire d'un objet qui a appartenu soit à la victime soit au meurtrier, et que le sujet peut manipuler. Dans un cas étudié par Osis le seul objet dont on disposait était une balle tirée sur la victime; en la tenant dans la main Tanous put décrire le criminel assez précisément pour qu'on en établisse un portrait-robot.

Les modes d'expression des sujets. Les voyants sont comme les autres hommes, c'est-à-dire qu'il n'y en a pas deux tout à fait pareils : les uns préfèrent s'exprimer verbalement, d'autres en dessinant, d'autres gestuellement, et il en est beaucoup qui aiment se servir du pendule sur carte. Certains sujets aiment le silence de la part de l'expérimentateur, d'autres s'ennuient si l'expérimentateur ne les relance pas.

Faut-il fournir au sujet une rétroaction (feed-back), c'est-à-dire jalonner ce qu'il dit d'approbations ou de désapprobations? C'est une question académique, remarque très justement Osis; il vaudrait mieux demander : « Qui doit recevoir un feed-back, à quel moment, en la présence de qui et combien de fois? » En effet, seuls les sujets très sûrs d'eux-mêmes se trouvent bien d'un feed-back; mais les individus à haut niveau d'anxiété seront vite découragés si on critique leurs premières voyances. Le mieux est certainement de fournir des encouragements indiscriminés du type : continuez, cela marche, allez-y! Qui conviennent à peu près à tout le monde; et encore de les émettre seulement quand le besoin s'en fait sentir.

Tout de même, lorsque Osis tombe sur le sujet véritablement doué, la réussite est spectaculaire. Par exemple, dans le cas Berkowitz, lorsque le voyant déclara que le meurtrier était petit et brun, Osis remarque que cela n'aide guère à le découvrir parmi des milliers de New-Yorkais qui sont également petits et bruns. Mais par contre lorsqu'il le voit travaillant dans un bureau de poste, *lorsqu'il dit lequel, et lorsqu'il donne deux chiffres de la plaque d'immatriculation de sa voiture,* évidemment l'information permet aussitôt de confondre le coupable.

On a suggéré une méthode qui permettrait peut-être, mais pour un voyant déterminé seulement, de séparer le bon grain de l'ivraie... Comme dans les recherches d'Osis tout est enregistré, on pourrait sans doute analyser les parties du texte qui se sont révélées fort exactes par opposition à celles qui étaient fort inexactes : et tâcher de trouver s'il n'existe pas des tournures de phrase, des mots clés, que sais-je encore! qui caractérisent les moments où psy fonctionne ou ne fonctionne pas. C'est une méthode qui pourrait s'ajouter à celle de Schwartz lorsqu'il se borne, parmi plusieurs voyants qui visent le même but, à ne garder que les voyances communes...

« Les voyants ne servent à rien », estime la police de Los Angeles

La police de Los Angeles dispose d'un Département des sciences du comportement dont le Dr Reiser est le directeur. Il a essayé de vérifier les allégations suivant lesquelles dans le passé l'emploi de voyants aurait servi à découvrir les coupables de divers crimes. Pour cela, il s'est fondé sur le livre (d'un niveau douteux) de Tabori (*Crime and the occult,* 1974) qui a trait à des crimes commis en Europe centrale, et assez anciens; il n'a pas réussi à en retrouver trace ou bien on ne lui a pas répondu quand il s'est adressé aux archives criminelles de ces pays; pas davantage de succès avec des crimes vieux de dix à vingt ans, en Amérique ou en Angleterre, et dont le coupable aurait été découvert avec l'aide de voyants : il semble n'avoir obtenu que des réponses négatives ou évasives.

Il a donc décidé de mener lui-même une enquête sur différents cas à sa disposition, deux cas où le criminel était déjà sous les verrous, et deux autres où on n'avait pas réussi à le capturer. On a employé douze voyants ou présumés tels, huit qui faisaient profession de la voyance, et quatre qui s'en occupaient occasionnellement ; on ne dit pas si ces voyants s'étaient déjà occupés de cas analogues. On présentait aux voyants une enveloppe fermée contenant des pièces à conviction, et on enregistrait leurs déclarations. On leur permettait ensuite d'ouvrir l'enveloppe et on enregistrait à nouveau ce qu'ils avaient à dire :

Le premier crime comportait un vol avec homicide ; coupable : encore en liberté ; victime : une femme blanche de trente ans ; pièce à conviction : un briquet brun et jaune. Six voyants identifièrent le sexe de la victime et cinq le type de crime. Aucun ne put identifier ni le nom de la victime, ni l'endroit du crime, ni l'adresse de la victime, ni son âge, la couleur de ses cheveux et de ses yeux, sa taille, son poids, ses habits, son métier, la cause de sa mort, l'époque du crime.

Le second crime, également un vol avec homicide sur la personne d'un vieillard de quatre-vingt-neuf ans ; criminel arrêté. Pièces à conviction : une paire de chaussures et une loupe. Six voyants identifièrent le sexe et sept le type de crime ; pas d'autres détails.

Le troisième crime, dont l'auteur n'a pu être capturé, consistait dans le meurtre d'une jeune mère qui retournait à sa voiture avec son mari et deux petits enfants, pendant que le suspect était en train d'essayer de voler l'automobile. On dispose d'une description du crime par des témoins oculaires. Pièces à conviction : une bourse rouge et une valise rouge. Six des voyants identifièrent le sexe de la victime et celui de l'assassin, sept le type de crime.

Le quatrième crime consistait dans le meurtre d'une femme, le suspect étant sous les verrous. Neuf des voyants identifièrent le sexe de la victime; huit le sexe du criminel; quatre le type de crime.

Comme on le voit, les seules réponses concernent le sexe de la victime, assez souvent celui de l'assassin et le type de crime. Toutefois quelques détails sont intéressants : par exemple, la victime du crime n° 2, âgée de quatre-vingt-neuf ans, était un historien de l'Église; un des voyants a dit que ce crime avait été commis près d'une église et insista beaucoup sur le fait que l'église avait quelque chose à voir avec le crime.

Le crime n° 3 implique un vol de voiture : deux voyants pensèrent qu'une automobile était en rapport avec le crime. La jeune femme était accompagnée de deux enfants : trois voyants indiquèrent que des enfants étaient en rapport avec le crime.

D'où le Dr Reiser conclut que l'utilisation des voyants est sans intérêt; mais n'exclut pas que l'on reprenne une étude dans cette direction...

Qu'en dirai-je ? En l'absence d'informations plus précises sur la façon dont les voyants ont été traités, il m'est difficile d'émettre un jugement. On a vu les précautions qu'Osis et d'autres recommandent dans l'emploi des voyants par la police, les rapports amicaux qu'il faut établir avec eux, la manière dont il faut s'y prendre pour susciter leur intérêt; le fait qu'il ne faut surtout pas les faire travailler ensemble et dans la même pièce (or j'ai l'impression que c'est l'erreur dans laquelle est tombé le Dr Reiser). Il eût été évidemment préférable de travailler avec des voyants expérimentés, et même ayant déjà eu à s'occuper de problèmes analogues...

Psy et archéologie

Parmi les expériences que l'on peut faire pour vérifier l'apparition de la faculté psy, il me semble que l'archéologie occupe une place de choix. Remarquons d'abord la situation hautement motivante que rencontre le sujet auquel on propose d'exercer ses talents de cette façon : on peut passionner le problème, lui donner des détails sur ce qu'on cherche, etc. Je ne connais guère de sujet qui ne se déclare intéressé. Ensuite deux sortes d'expériences sont possibles :

– *ou bien la psychométrie,* c'est-à-dire la divination à partir de l'objet : c'est une très ancienne technique qui a été pratiquée par les premiers « métapsychistes » et qui consiste à placer dans les mains du sujet un objet dont il est prié d'indiquer la provenance, en décrivant tout ce qui s'y rattache. Dans le livre si remarquable du Dr Osty, *La Connaissance paranormale,* on relate toutes sortes d'expériences fort curieuses de voyance psychométrique; puis la mode en a passé, malheureusement sans doute; d'autant plus malheureusement qu'il y a eu un nombre considérable de voyances strictement psychométriques en archéologie. C'est évidemment très intéressant, le sujet psy décrit avec des détails étonnants, et parfois d'une extrême précision, des scènes des temps néolithiques ou paléolithiques. Mais la vérification est difficile (elle a été faite dans certains cas cependant). Et elle n'est valable à mon sens que si le sujet énonce des détails inconnus de l'expérimentateur, mais qu'on pourra vérifier *par la suite*. Ce n'a pas toujours été le cas, loin de là;

– *ou bien la voyance sur plans ou sur le terrain* pour découvrir des sites où les fouilles seront fructueuses. C'est à mon avis bien plus démonstratif, tout au moins quand l'expérience réussit. Or nous disposons d'une excellente technique, sans réplique : si le sujet nous dit de fouiller à l'emplacement X on y trouvera ou non des vestiges intéressants. C'est une réponse sans ambiguïté! qu'imaginer de mieux? Si d'ailleurs on veut être encore plus rigoureux, on peut déterminer au hasard sur les lieux ou sur la carte d'autres emplacements qui serviront de témoins.

Une difficulté apparemment insurmontable

Mais dans la prospection psychique des sites intéressants, j'ai omis de divulguer un détail qui pour certains esprits peut constituer un obstacle insurmontable.

Dans certains cas, le sujet se promène sur la zone à explorer, et, soit à l'aide de la baguette du sourcier, soit par toute autre méthode, il découvre la zone qu'on devra fouiller. Mais ce n'est pas du tout la méthode la plus employée : le plus souvent, scandale des scandales, il *se sert d'une carte de la région, et c'est sur elle qu'il promène son pendule.* Ce qui est tout à fait différent de l'art du sourcier et justiciable d'explications ou d'hypothèses sans rien de commun avec la bonne vieille radiesthésie.

L'esprit hésite, j'en conviens, devant une chose aussi extravagante : car enfin, « la carte n'est pas le territoire » et pour accepter qu'on puisse y retrouver des caractéristiques qui n'y sont évidemment pas mentionnées, tels les restes archéologiques, il nous faut faire un certain nombre de suppositions, toutes fort difficiles à admettre :

• il faut d'abord supposer que la carte n'est qu'un relais qui sert au sujet à « envoyer sa faculté psy inspecter le terrain » dans la zone que la carte représente;

• qu'ensuite la vision à distance ne concerne pas seulement la surface du terrain, mais l'intérieur des couches géologiques superficielles.

Or si ahurissantes que soient ces suppositions il se trouve que nous avons de bonnes expériences qui nous démontrent qu'elles sont conformes à la réalité.

Ce sont les expériences célèbres de Targ et Puthoff qui ont été ensuite corroborées et améliorées par le doyen Robert Jahn. Qu'il me suffise de dire pour l'instant que plusieurs sujets peuvent effectivement, et sans avoir besoin d'une carte, « voir à distance » des scènes fort éloignées (la distance importe peu); et l'on peut travailler très aisément dans cette direction parce que les expériences sont hautement motivantes, elles intéressent vivement les sujets, au lieu que les tests classiques de l'école de Rhine dégagent rapidement un ennui mortel.

Quant à la « transparence » des couches géologiques ou des obstacles matériels quels qu'ils soient, c'est un des faits les mieux établis de la recherche, et cela

La fonction psy

depuis le début des expériences de Rhine : rien n'arrête la clairvoyance, non plus que la psychocinèse.

Replacée dans le contexte des travaux modernes, la technique de la prospection sur carte nous paraît un peu moins choquante.

Mais il est temps maintenant de passer à l'examen des résultats. Le lecteur sera surpris de constater qu'ils sont très nombreux, et que dans certains pays comme le Canada ou l'URSS, la prospection psychique semble une technique d'investigation qui tend à devenir banale.

La psychométrie

Histoire d'Ossowiecki. Ossowiecki exerça ses talents de 1937 à 1941 puis fut massacré par les nazis. C'était un génie de la psychométrie archéologique. Il fut étudié par le professeur Poniatowski et plus tard mon éminent collègue le professeur Wolkowski procéda à une analyse plus approfondie des documents qui nous restent. Malheureusement, Poniatowski était visiblement très amusé par les révélations à vrai dire ahurissantes du voyant, et se bornait à les transcrire; il n'eut jamais l'idée, et c'est à peine croyable, de l'emmener sur le terrain pour procéder à des fouilles précédées d'une prospection psychique. Les séances se passaient toujours de la même manière. On présentait à Ossowiecki un spécimen d'outillage préhistorique, par exemple, une hache de pierre, et il commençait à décrire non seulement le façonnage de la hache, mais d'où elle venait, qui l'avait fabriquée, comment la population qui vivait dans le site était habillée, comment elle vivait, etc. C'est-à-dire, et cela reviendra souvent dans la prospection psychique, que le voyant procédait à un véritable *voyage dans le temps*. Nous en reparlerons.

Signalons quelques succès particulièrement frappants du « sorcier polonais » comme on ne tarda pas à l'appeler. Par exemple, devant une hache magdalénienne il décrivit – mal – un propulseur pour les javelots, en ne comprenant visiblement pas ce qu'était cet ustensile fort ingénieux inventé par l'homme préhistorique, mais aussi des arcs et des chiens autour des chasseurs. Or, à l'époque où Ossowiecki parlait, il paraissait certain que les Magdaléniens qui florissaient vingt mille ans avant notre ère ne connaissaient pas les arcs et n'avaient pas encore de chiens, puisque ceux-ci n'apparaissent sous forme de restes fossiles incontestables, que sept mille ans avant Jésus-Christ, dans le Proche-Orient. Or on a trouvé depuis, en Afrique du Sud, d'incontestables pointes de flèches vieilles de cinquante mille ans. Pour les chiens on n'a pas de conclusions aussi nettes; il existe des animaux dessinés dans les cavernes magdaléniennes qui auraient pu être des chiens mais tout aussi bien des loups, peut-être apprivoisés.

Un autre point fort intéressant est la crémation des morts, qu'Ossowiecki a décrite avec un grand luxe de détails chez ses Magdaléniens. Or à l'époque où il exécutait cette voyance, il paraissait tout à fait invraisemblable que l'homme primitif ait pratiqué la crémation; mais après la mort d'Ossowiecki, on trouva d'incontestables restes de crémation des morts dans les couches de Mungo Lake en Australie, qui remontent à vingt-cinq mille ans avant notre ère. Ajoutons enfin qu'Ossowiecki décrivit souvent ses acteurs en train de parler mais fut toujours incapable d'entendre ce qu'ils disaient.

Dans ce qui va suivre, la psychométrie sera aussi employée, mais associée aux fouilles. Dans les expériences conduites par Goodman, plusieurs sujets, en fait, atteignent la maîtrise d'Ossowiecki; mais on a testé aussi leurs possibilités de diriger les fouilles à l'endroit le plus approprié.

Les expériences de Goodman

Goodman était un jeune ingénieur américain qui se convertit à l'archéologie. Il a raconté ses aventures dans un livre (1977) fort intéressant bien qu'on puisse le trouver par moments un peu trop bavard et un peu trop « grand public ». Mais, tel qu'il est, c'est la meilleure enquête sur l'archéologie « psychique » que j'aie jamais lue.

L'histoire commence vers 1971; Goodman est préoccupé par deux rêves qu'il vient d'avoir et qui ne ressemblent pas du tout à ceux qu'il a d'habitude. Ce sont des rêves archéologiques. Il se voit fouillant dans un endroit désert, parlant à d'autres archéologues et finissant par déterrer des squelettes dont les os sont d'une bizarre couleur noire. Dans un deuxième rêve il voit même une carte géologique très précise où l'on semble lui montrer un endroit particulier aux confins de l'Arizona et du Nouveau-Mexique. Il décide alors de procéder à une petite enquête auprès d'amis parapsychologues pour leur demander s'ils connaîtraient ce que dans le passé on eût appelé un interprète des songes comme lorsque Calchas le devin devine la cause des malheurs qui frappent l'armée achéenne devant Troie. On lui déniche un sujet, paraît-il, très sérieux; il lui écrit et la réponse arrive un beau matin : c'est alors, dit Goodman, « que je fus catapulté dans une odyssée archéologique qui allait me prendre tout mon temps ».

Le grand sujet s'appelait Aron Abrahamsen. Il disait à Goodman que son rêve était un avertissement à propos de fouilles auxquelles il devrait procéder dans un coin perdu de l'Arizona, non loin de Flagstaff. Il y découvrirait des vestiges de l'occupation des premiers hommes, mais infiniment plus anciens que ne le supposent les théories en vogue : celles-ci en effet admettent que le peuplement de l'Amérique fut réalisé par des migrateurs venus d'Asie, à travers le détroit de Béring, vers 30000 avant Jésus-Christ. Or Abrahamsen affirmait que l'occupation de l'Amérique avait été bien plus précoce, et datait d'au moins cinq cent mille ans. De plus ces premiers habitants n'étaient pas venus en utilisant le détroit de Béring, mais par mer. Enfin, leur civilisation était beaucoup plus évoluée que celle des Indiens.

Ce qui paraît extravagant mais, après tout, rien n'est jamais définitif en archéologie. Et la thèse classique soulève tout de même un certain nombre de difficultés [1].

Par exemple, pourquoi les Indiens d'Amérique ont-ils des groupes sanguins si différents de ceux des Asiatiques? Pourquoi ont-ils des mensurations crâniennes et dentaires si particulières? Pourquoi ont-ils plus de 200 langues dont aucune n'a de ressemblance avec les langues asiatiques? Pourquoi a-t-on trouvé du pollen de maïs datant de quatre-vingt mille ans à Mexico alors qu'on admet que le maïs n'a pas été

---

1. Ici je cite Goodman, sans prendre forcément tout ce qu'il dit à mon propre compte!

cultivé avant 9000? Pourquoi la plupart des mythes des Indiens rapportent-ils que leurs ancêtres sont arrivés par mer et non par la voie terrestre? etc. Tout ceci poussa Goodman à mettre en veilleuse, au moins pour un temps, la vérité officielle.

Aron Abrahamsen l'encouragea à aller près de Flagstaff, lieu qu'il avait reconnu dans son rêve. Aussi Goodman partit-il courageusement pour l'Arizona, sans en référer à personne, avec seulement quelques outils et les quelques indications géologiques qu'il avait récoltées dans son rêve : il devait retrouver une zone semée d'énormes blocs sans doute volcaniques avec des falaises de grès variant du rouge au jaune, et un ruisseau à sec au pied des falaises. Le tout entouré de pins vert sombre : c'est ce qu'il avait vu dans son rêve.

Il eut la naïveté – incroyable – d'aller parler de tout cela au directeur du service d'anthropologie de l'université d'Arizona : l'accueil fut évidemment extrêmement frais... Il se réfugia alors à la bibliothèque de l'université et compulsa des cartes géologiques dans le but de trouver des terrains accidentés avec des roches volcaniques avoisinant des dépôts sédimentaires du type des grès... Et il finit par trouver une zone ayant à peu près les caractéristiques voulues. Il saute dans sa voiture et dans un état d'excitation énorme il grimpe sur un talus et voilà les gros rochers, le ruisseau à sec et les falaises de grès, sans oublier les grands pins.

L'enthousiasme de Goodman était tel qu'il se rua sur une pelle pliante qu'il avait apportée et commença à creuser droit devant lui. Sans autre résultat que de se mettre les mains en sang car il n'était guère accoutumé à cet exercice. Puis le calme lui revint et il demanda à Abrahamsen une description précise de l'endroit où il devrait creuser et de ce qu'il y rencontrerait. Abrahamsen lui répondit aussitôt en mentionnant une colline de granit proche de l'endroit convenable : du granit dans une zone volcanique? Goodman, ahuri, y alla voir de plus près : il existait effectivement une colline d'une roche voisine du granit dans cette zone à la géologie fortement perturbée. Puis Abrahamsen se mit à décrire – toujours à distance – les niveaux géologiques qu'il faudrait traverser. Et d'abord – vu l'ancienneté du site – il faudrait creuser à une dizaine de mètres. Il y aurait des changements brusques de la composition du terrain à un peu plus de trois mètres de profondeur et à cinq mètres. A un mètre cinquante on trouverait des restes d'outils de pierre de peu d'intérêt. A plus de trois mètres, le mélange de terre et de cailloux serait remplacé par trente centimètres de sables argileux. Puis à nouveau des rocs et une seconde couche argileuse à cinq mètres. Enfin de nombreux débris d'outils seraient trouvés à trois niveaux différents, et aussi des fragments de poteries. Au fond, on trouverait des crânes et des squelettes vieux de deux cent cinquante mille ans.

Pour abréger l'histoire des excavations de Flagstaff, disons que les prédictions d'Abrahamsen concernant la nature géologique du terrain furent minutieusement exactes. Exactes aussi les prévisions sur les découvertes d'outils mais erronées en ce qui concerne les poteries; quant aux débris humains, dont la découverte eût été évidemment d'une importance majeure, Goodman ne put, hélas, faute de crédits, creuser assez profondément; de plus, les autorités fédérales l'inquiètèrent concernant un permis de fouiller qu'il n'avait pas. Bref, il fut forcé, bien à contrecœur, d'abandonner

145

le site. Incidemment, il avait testé la capacité de vision à distance d'Abrahamsen en dissimulant quelques objets sous la terre de son jardin : ils furent trouvés sans difficulté...

Mais tout le monde n'aime pas Goodman. C'est le cas en particulier de Barker qui se livra en son temps à une critique très sévère de son livre; mais à vrai dire, ce qui le gêne particulièrement, c'est que les fouilles de Goodman repoussaient de très loin l'antiquité de l'homme en Amérique et qu'en 1978 (date de l'article de Barker) il était couramment admis que l'homme n'était guère apparu en Amérique avant − 10000 ans. Or Goodman prétendait reculer cette date à − 25000 ans ou même − 100000. Mais comme depuis Goodman l'antiquité de l'homme en Amérique paraît, sur la foi d'autres découvertes, beaucoup plus ancienne qu'on ne l'avait cru, les travaux de Goodman en acquièrent davantage de force et les critiques de Barker s'affaiblissent d'autant.

Une autre critique porte sur le caractère des objets de pierre déterrés par Goodman; selon Barker, ils ne sont pas caractéristiques et pourraient très bien provenir d'artifices de la nature, c'est-à-dire de cailloux dont des éclats auraient été accidentellement détachés par des chocs au cours d'une chute, par exemple. Sur ce dernier point, Goodman cite trois archéologues fort connus qui ont étudié les objets de pierre et les trouvent au contraire incontestablement fabriqués par une main humaine.

Quoi qu'il en soit la racine de la controverse étant dans le fait que Barker n'admet pas la grande antiquité de l'homme en Amérique et que cette grande antiquité est maintenant plus ou moins démontrée, il faut recon-

naître que c'est Goodman qui un des premiers a
soulevé ce lièvre ; rendons-lui cette justice...

L'archéologie « psychique » est bien plus répandue qu'on ne le croit

C'est par suite d'une erreur de perspective et d'un
défaut d'information – et aussi à cause de la discrétion
des archéologues – que nous ignorons le rôle des sujets
psy en archéologie. J'en citerai quelques exemples
d'après Goodman mais j'ai l'impression que ce n'est
que la partie émergée d'un gros iceberg.

La plupart des archéologues sont fort discrets là-
dessus (dans l'Université on risque sa carrière à parler
de certains sujets) mais d'autres sont plus ouverts,
comme le Dr Emerson, président de la Canadian
Archeological Association et directeur de la section
d'archéologie à l'université de Toronto. Sa position
est claire et il ne manque guère une occasion de
l'expliquer : il ne se prononce pas sur la théorie, sur
la possibilité et l'impossibilité de certaines choses, il
affirme simplement que si les sujets psy peuvent aider
sérieusement la recherche archéologique, il faudrait
être bien sot pour n'en pas profiter. Et ses propres
recherches ont beaucoup bénéficié de l'aide psy ; il
n'en fait pas mystère. Ce qui pour lui clôt le débat
(et c'est également ma position). Son « sujet » était
un conducteur de camions nommé Mac Cullen et un
bon psychomètre ; par exemple, Emerson lui présente
un jour un objet de son musée personnel : Mac Cullen
l'identifie presque immédiatement comme un ancien
tuyau de pipe iroquoise, donne la date à laquelle il a
dû être fabriqué et l'endroit exact où on l'a trouvé. Il

dessine même le fourneau auquel s'adaptait ce tuyau : Emerson reconnaît immédiatement la forme caractéristique conique des pipes iroquoises très commune il y a mille ans dans cette culture.

Admettons que Mac Cullen soit un traître, qu'il ait en secret étudié l'archéologie : mais il n'a reçu qu'une éducation primaire, il avoue avoir visité le musée de Toronto une fois, mais en est sorti mal à l'aise « à cause des momies ». Mais il y a mieux que l'exemple précédent.

Mac Cullen est en effet capable de trouver les sites optimum de prospection sur le terrain (et comme je l'ai dit et répété, c'est cela qui est réellement important à mes yeux). Quelquefois même ce qu'il indique paraît en contradiction formelle avec ce qu'on croit savoir : par exemple, il déclara une fois à Emerson que ses anciens Iroquois ne cultivaient pas le maïs alors que l'archéologie officielle affirme qu'ils le faisaient. Mais à l'endroit qu'indiquait George Mac Cullen, il était possible après tout que les Indiens se soient procuré le maïs par voie d'échange. Emerson fit donc fouiller le terrain avec soin, dans l'espoir de trouver des pollens de maïs qui montreraient l'existence d'une culture de cette plante : on trouva bien un grain de pollen de maïs, un seul! Ce qui est évidemment tout à fait insuffisant pour conclure : sauf qu'il existe une présomption que la vision psychique de Mac Cullen ait pu être juste après tout.

Mais ce qui intéresse le plus le sujet, c'est la prospection sur le terrain. Alors, dit Emerson, il frémit de tout son corps et quête comme un chien de chasse. Un jour Emerson cherchait avec lui les vestiges d'une « longue hutte » iroquoise et Mac Cullen lui indiqua soudain où elle devrait être : au fur et à mesure

Emerson matérialisa ses indications en plantant des poteaux. Les fouilles conduites six semaines plus tard la révélèrent, en effet, exactement à l'endroit indiqué.

Un peu plus tard, Emerson conduisit Mac Cullen à Parry Sound, dans l'Ontario, où Patrick Reed, archéologue ami d'Emerson, était en train de fouiller sans succès à la recherche d'un village indien du Xᵉ siècle. Mac Cullen lui indiqua l'emplacement du mur du village en traçant une ligne de quinze mètres de long : et le mur était bien là, à peu de distance de la surface mais Reed ne l'avait pas deviné : « Ça me fit une frousse du diable », avoua l'archéologue...

Et Emerson raconte une autre anecdote, la plus singulière de toutes. La scène se passe au banquet annuel de l'association archéologique du Canada, où un sceptique demande à Mac Cullen de « psychométriser » une palette d'argilite noire trouvée dans l'île de la Reine Charlotte et qui porte un dessin d'une créature à face de singe. Son possesseur pensait que cela représentait un sasquatch, la créature mythique géante qui hante les forêts, d'après les Indiens. Mais Mac Cullen déclara que, bien au contraire, le dessin avait été fait par un nègre de Port-au-Prince. De la Colombie britannique à Haïti, la distance est si grande que l'histoire paraissait tout à fait invraisemblable.

Mais Emerson décida de s'obstiner et réalisa une expérience de la plus grande importance qui n'a été que très rarement répétée.

L'expérience combinée d'Emerson

Il soumit la palette d'argilite à différents sujets psy dans le but de comparer leurs indications, sans dire

149

évidemment à chacun ce que l'autre avait trouvé. Cette technique est d'une importance capitale : j'ai déjà attiré l'attention sur l'intérêt exceptionnel de rechercher l'addition ou la combinaison des performances de plusieurs sujets, et j'ai déploré la rareté des essais de ce type, aussi bien en psychocinèse qu'en clairvoyance. Voyons d'un peu plus près les renseignements complémentaires que collecta Emerson :

Mac Cullen : c'est fait dans une jungle très épaisse, très lourde.

Sheila : la personne qui a manié cet objet était un nègre, la jungle est derrière moi ici.

George : il a été esclave; il est venu dans un bateau de négriers.

Jim : un renégat africain et sa troupe ont pris son village et l'ont vendu comme esclave. Il a fait la gravure à partir de la roche d'une montagne proche. Le Canada me vient à l'esprit.

Sheila : c'est un nègre, mais je vois les îles de la Reine Charlotte : qu'est-ce qu'un nègre vient faire là?

En tout, les transcriptions de ce que dirent les différents sujets couvrent 200 pages, comportant notamment des descriptions du bateau des négriers et d'une danse africaine, etc. Mais l'accord est formel sur le fait que l'auteur du dessin est un nègre, qu'il est venu comme esclave en Amérique et qu'il s'est enfui en Colombie britannique.

Et au banquet de l'association, l'année suivante, Emerson révéla à ses collègues ébahis qu'il avait fait analyser la palette d'argilite par le Musée royal de l'Ontario où travaillait un expert des arts africains : la palette était typique de l'art nègre de Haute-Volta...

Toutes ces recherches semblent avoir eu un grand

succès au Canada, et le **Dr Ross**, archéologue du gouvernement, avoua qu'il recherchait sur carte, à l'aide d'un pendule, les anciennes implantations des Indiens au Canada et qu'il estimait le nombre des succès à 75 %. D'autres collègues avouèrent qu'ils faisaient de même, par exemple, le Dr William Noble de Mac Master University.

L'archéologie psychique dans d'autres régions

En Équateur, Pino Turolla, en s'aidant du pendule sur carte, trouve d'intéressants sites archéologiques et notamment des gravures sur pierre représentant des mastodontes, supposés éteints depuis trente mille ans... c'est-à-dire bien avant l'apparition supposée de l'homme dans ces régions.

Le général Elliott en 1972 s'initie à l'art de la radiesthésie sur carte et obtient immédiatement des succès extraordinaires. Le plus spectaculaire est peut-être celui qu'il remporta dans le jardin et le verger d'un vieux château à Chiveley, site que rien ne prédisposait à l'attention des archéologues qui, en fait, l'avaient totalement négligé : or Elliott prédit que l'on pourrait y trouver superposés les vestiges de plusieurs cultures différentes, et il situa même sur un plan les digues, les chemins et les structures, la plupart antérieurs aux Romains, qui s'y trouveraient enfouis. Cela se passait en 1972 : les fouilles, conduites en 1974, confirmèrent entièrement les prévisions d'Elliott, y compris dans les détails.

Qu'en est-il de l'URSS ?

Nous avons quelques raisons de croire que les Russes ne négligent nullement la prospection psychique; elle aurait même un statut semi-officiel; mais il faut l'appeler « méthode biophysique », étant bien entendu que la radiesthésie (dont elle ne paraît différer nullement) est une superstition capitaliste. L'ennuyeux, c'est que, lorsqu'il s'agit des affaires soviétiques, les vérifications précises sont impossibles. Il faut donc se contenter de ce que nous croyons savoir. Par exemple, d'après Pluzhnikov, on aurait employé la prospection de ce type dans les Kremlins de Serpukhov et de Mojaïsk, dans le palais Kruitsky de Moscou et dans le monastère de Volokolamsk. Une technique très employée consiste dans la prospection automobile, le sujet parcourant ainsi de quarante à cinquante kilomètres à l'heure. Dès qu'il a cru découvrir quelque chose, il s'arrête et continue la prospection à pied. Bakhirov, de l'Institut polytechnique de Tomsk en Sibérie, a même utilisé la prospection en avion et en hélicoptère. Il paraît que cette « méthode biophysique » aurait permis la détection d'importants gîtes métallifères. A la suite de quoi Bakhirov recommande la création de cours de radiesthésie (pardon, de méthode biophysique, bien entendu) dans les principales écoles de géologie de l'Union.

Nous avons même des traces, qui semblent sérieuses, d'un intérêt officiel pour le sujet : par exemple, en 1967, Ogilvy, président du département de géologie dans la prestigieuse université d'État à Moscou, s'est intéressé à ce type de problème au point de favoriser en 1971 la réunion d'un séminaire, où 124 spécialistes eurent l'occasion d'en discuter. On leur apprit que la prospection psychique avait permis de réduire de 30 % les fouilles nécessaires pour rechercher les gîtes aurifères du nord du Caucase, augmenté de 60 % la découverte de minéraux rares en Carélie, de 35 % la découverte de nouveaux minerais au Kazakhstan, etc. Il est vrai qu'Alfred Wegener, le célèbre auteur de la théorie de la dérive des continents, était lui-même radiesthésiste...

La vision à distance

Beaucoup d'auteurs ont retracé l'historique des travaux de Rhine et de son école. Revenons-y un instant pour souligner un défaut essentiel de sa méthode où la rigueur géométrique et les présupposés méthodologiques font bon marché de la réalité psychologique.

Par exemple, l'école a étudié la clairvoyance, c'est-à-dire la possibilité qu'ont certains sujets de prendre connaissance de messages cachés de manière à ce que la vision seule ne puisse les découvrir. Classiquement, le test se compose de 25 cartes, les cartes de Zener, qui portent 5 symboles géométriques simples, cinq fois répétés. Il suffit de les battre puis de les enfermer dans des enveloppes de papier noir épais. Les sujets doivent alors deviner quels sont les symboles dissimulés dans les enveloppes qu'on leur présente. Le hasard leur donnant droit à 5 succès, il est très facile de calculer si l'écart qu'ils obtiennent par rapport au hasard est plus ou moins significatif.

Cela paraît irréprochable, mais il existe une grave difficulté. Les écarts par rapport à la moyenne n'étant jamais, sauf rare exception, très considérables, les expériences doivent être répétées un très grand nombre de fois *et elles deviennent abominablement assom-*

155

mantes. Rien n'est plus ennuyeux qu'une expérience de parapsychologie statistique et aucun sujet n'y résiste : les meilleurs renoncent au bout de quelques mois, bien que certains, fort rares, aient tenu des années. Il y a eu, rarement, des réussites étonnantes.

Courte histoire des grands sujets

Histoire qui n'en épuisera pas la liste : je voudrais simplement rappeler quelques cas stupéfiants, bien connus de tous les parapsychologues. Il y avait, par exemple, en 1920, un étudiant à l'université de Groningue, nommé Van Dam. On lui demanda d'identifier une case dans une sorte d'échiquier formé de six rangées et huit colonnes. La case était choisie en battant des cartes au hasard. Dans des conditions d'isolation sensorielle très poussées, Van Dam identifia la case 118 fois sur 587 essais ce qui correspond à 10 fois le hasard.

A New York, dans les années 30, Bernard Riess fit 74 « parties » avec les cartes de Zener et trouva le symbole exact en moyenne 20 fois par série : je rappelle qu'une série de cartes comprend 25 cartes de 5 symboles répétés 5 fois et donc qu'on ne peut en découvrir par le pur hasard plus de 5 par paquet ! C'est un véritable miracle, du point de vue expérimental, et sans doute le fait le plus extraordinaire jamais enregistré par un sujet employant la méthode de Rhine.

Mais justement, à peu près au même moment, Pratt et Rhine travaillaient à Duke University avec Pearce qui dans une série de 74 parties trouva le symbole exact dans 8 cas et demi par partie en moyenne, ce qui est énorme. Lalsingh Harribance, né à Trinidad, travailla pendant longtemps avec divers expérimentateurs et obtint également des résultats excédant énormément le hasard avec les cartes de Zener.

Bill Delmore, au début des années 70, travailla notamment avec Kelly et réussit pratiquement toutes sortes de tests parapsychologiques. Il pouvait deviner des cartes cachées dans une enveloppe opaque; c'était d'ailleurs le test qu'il préférait. Sur 46 parties avec 52 cartes, son score dépassa trois fois le hasard. Plus étonnant encore, dans certains cas il était assez sûr de lui-même pour annoncer d'avance que son choix était exact. Dans 20 cas où il prédit d'avance le résultat, 14 correspondaient effectivement à la carte annoncée et 6 étaient partiellement corrects.

En réalité des sujets aussi étonnants ne sont pas tellement rares. Ossowiecki, le voyant polonais, et Mme Maire, en France, devinaient à distance des cibles qu'on leur proposait, par exemple, par téléphone, l'opérateur disant seulement « commencez l'expérience ». Certains dessins de Mme Maire, qui répondait en dessinant, sont stupéfiants par leur exacte correspondance avec l'objet qui constituait la cible.

Rhine avait la conviction que chacun d'entre nous possédait la fonction psy et c'est probablement exact; mais il faut ajouter aussitôt que nous ne la possédons pas du tout au même degré : de la même manière que tout le monde peut dessiner plus ou moins mal, mais il n'y a pas beaucoup de grands peintres. Enfin il ne faut pas oublier la surprenante thèse de Millar...

La thèse de Millar

Millar (1979) soutient qu'à l'inverse des théories de Rhine, psy n'est point du tout réparti dans toute la population, mais qu'il existe deux classes d'individus, ceux qui le possèdent et les autres. Évidemment la première objection qui vient à l'esprit est la masse énorme d'expériences réalisées en quelque sorte avec le « tout-venant », par exemple, des étudiants pris au hasard dans les universités et qu'on rémunérait pour faire des tests. Rhine travaillait ainsi jadis... Mais Millar répond à cela qu'on n'a pas le droit de parler séparément de « sujet » et d'« expérimentateur » : et jusque-là les parapsychologues seront d'accord. D'après Millar il faut aller plus loin, et les bons résultats obtenus avec le « tout-venant » viendraient tout simplement non pas du sujet mais de l'expérimentateur, qui serait lui, le véritable « sujet psy ». Et il est bien vrai que de nombreux expérimentateurs (même quand ils ne se l'avouent pas à eux-mêmes, cela s'est vu) étaient effectivement des sujets psy.

On peut objecter aussi qu'il existe des techniques « d'entraînement psy » qui soi-disant peuvent développer chez tout le monde la mystérieuse faculté. A cela je pourrais répondre moi-même que les résultats allégués ne sont pas si solides que cela; et que si vraiment l'entraînement psy donnait des résultats si miraculeux, tous ceux qui l'emploieraient seraient télépathes ou se livreraient à la lévitation! C'est bien loin d'être vrai...

Enfin, poursuit Millar, dans les sociétés primitives tout le monde ne peut pas être chaman, et seuls certains individus rares le deviennent; et même sont forcés de le devenir sous peine de désordres graves.

Les nouvelles expériences de Targ et Puthoff

Le grand mérite de Targ et Puthoff, tous les deux américains pourtant, a été de prendre conscience pleinement de l'ennui des tests. Ils y ont substitué une technique connue bien avant eux, mais qu'on n'avait jamais appliquée avec leur rigueur méthodique et leur persévérance. Il s'agit tout simplement de demander aux sujets ce que fait un de leurs amis à une certaine distance et où il est exactement : c'est hautement motivant et très amusant. Le test étant achevé, tout le monde va voir sur les lieux l'endroit atteint par la « vision à distance » et rien n'égale l'étonnement des sujets quand ils distinguent clairement ce qu'ils avaient cru apercevoir confusément.

Beaucoup d'expérimentateurs purs et durs ont alors jeté les hauts cris : comment appréciez-vous, ont-ils demandé à Targ et Puthoff, les succès et les échecs? Votre technique pèche par excès de subjectivité! Si, par exemple, un sujet dit : « je vois du vert » et s'il existe des contrevents verts, mais aussi de l'herbe, c'est beaucoup trop vague pour constituer une indication valable!

Targ et Puthoff répondent à cela que les récits que font les sujets sont aussi détaillés que possible et supplémentés par des dessins; qu'ensuite, on regroupe les récits et les dessins et qu'on confie à des juges indépendants le soin d'établir les correspondances s'il en existe avec les sites réels (et nous verrons par la suite un important perfectionnement que le doyen

Robert Jahn a apporté à cette technique). Mais il est temps maintenant de décrire, d'après Targ et Puthoff, comment les choses se passent réellement.

L'expérimentateur et le sujet sont enfermés dans un local du laboratoire et n'ont aucun contact avec une autre équipe dite « équipe de la cible ». Toute une série de lieux où l'équipe de la cible doit se rendre ont été déterminés à l'avance et forment un fichier. (Dans un premier temps ces lieux sont assez proches, mais par la suite on en choisira de beaucoup plus éloignés.) Une cible ayant été choisie, l'équipe part en automobile et reste quinze minutes sur les lieux en se bornant à regarder tout autour d'elle (il n'est pas du tout nécessaire qu'elle cherche à « transmettre » quoi que ce soit).

Pendant ce temps, le sujet, toujours enfermé avec l'expérimentateur et sans aucun contact avec l'équipe de la cible, attend une demi-heure avant de confier au magnétophone ce qu'il croit voir : il n'a donc, pas plus que l'expérimentateur, aucun moyen de savoir où diable l'équipe de la cible a bien pu aller.

Les réponses du sujet sont ensuite dactylographiées et le juge indépendant se rend sur chacun des emplacements-cibles : il doit déterminer, d'après un système de notations, le récit qui se rapporte le mieux à chacun de ces endroits. Or, fait ahurissant, l'accord est souvent fort bon et parfois même excellent entre cible et vision à distance. Ceci était si bien au point que lorsqu'on envoyait à Targ et Puthoff des sceptiques avérés, ils leur proposaient de se transformer en sujets et de vérifier par eux-mêmes ce qu'il en était.

Tous les sceptiques, on s'en doute, ne se laissaient pas convaincre facilement, et croyaient qu'on allait leur demander de se mettre en état de méditation, ou

160

de prendre des postures bizarres comme celles des yogis... Mais en réalité on n'exige rien de tel : on demande simplement au sujet de s'asseoir confortablement, de rester calme et détendu, de faire le vide dans son esprit et de noter ensuite, sans y réfléchir et surtout sans faire aucun tri, toutes les impressions qui lui viennent à l'esprit, si bizarres et contradictoires qu'elles puissent être. Et c'est dans ces conditions que les tests ont si bien réussi.

Quelques réussites spectaculaires

Targ et Puthoff eurent la chance de tomber dès le début sur de « grands sujets » comme Ingo Swan, Patrick Price, Hella Hamid et quelques autres. S'étant aperçus très vite de la réussite spectaculaire de ces sujets dans les tests courants, les auteurs essayèrent un jour de corser le problème en demandant au sujet de voyager dans le temps, c'est-à-dire d'exécuter leurs divinations « tout de suite », avant que l'équipe de la cible ne soit parvenue à l'endroit voulu.

Contrairement à tout ce qu'on aurait pu penser les résultats furent si bons que plus tard, le doyen Robert Jahn se servira uniquement dans des expériences du même type de cette technique de précognition.

Targ et Puthoff ne s'en tinrent pas là. Ils essayèrent de déterminer quelle devait être la taille de la cible pour être correctement décrite. Ils employèrent exactement la même technique, mais de petits objets très différents les uns des autres furent enfermés dans des boîtes à l'insu du sujet et de l'expérimentateur; les deux n'avaient aucun moyen de connaître de quel objet il s'agissait : après quoi on demandait au percipient de décrire l'objet, avec dessin à l'appui si possible. Les résultats furent très satisfaisants. Enfin dans une autre expérience, les objets à découvrir étaient rangés dans une pièce close sur des casiers; on ne transmettait au sujet que les coordonnées d'une case particulière. A nouveau, les résultats furent bons. Nous sommes ici très près évidemment de la prospection sur carte. Cela nous amène à un stade que les expérimentateurs de Stanford ne tardèrent pas à franchir : *supprimer l'agent et demander directement au percipient de se rendre en esprit à un endroit précis* (voir plus loin).

Voyons maintenant les objections des critiques qui ont été faites à la méthode de vision à distance :

1. L'expérimentateur peut envoyer des stimuli au sujet? Mais toutes les expériences sont faites en double aveugle.

2. Le fait que l'on montre après l'expérience le but à atteindre restreint ipso facto le nombre des choix restants; c'est l'erreur dite « du jeu de cartes fermé » : quand on tire une carte, on sait qu'elle n'est plus dans le paquet. Réponse : les buts sont constitués de telle sorte qu'ils sont indépendants les uns des autres; par exemple, si un sujet a identifié une fontaine, il peut très bien s'en rencontrer une autre dans la série des autres buts.

3. N'y a-t-il pas des détails non transcrits dans le compte rendu? Au SRI la transcription intégrale de ce qu'a dit le sujet est fournie au juge.

4. Les expériences ne sont pas répétables? Plus de la moitié des expériences publiées, soit 15 sur 28, ont été couronnées de succès, alors que d'après le hasard on pouvait s'attendre à une sur 20.

La vision sur coordonnées

On ne fournit au sujet que la longitude et la latitude du lieu et rien d'autre. C'est un procédé hautement abstrait et dont le succès est incompréhensible. Il faut admettre que psy est « orienté vers le but » comme la volonté elle-même.

Ingo Swan demanda un jour, audacieusement, qu'on lui indique seulement une latitude et une longitude, et il dirait ce qui s'y trouverait. Au début les réussites furent à peu près complètes, mais il y a de grandes chances de tomber juste que l'on dise « c'est la terre ferme » ou « c'est l'océan ». Aussi décida-t-on d'aller plus loin. Un ami des expérimentateurs communiqua une latitude et une longitude dont personne ne savait à quoi elles correspondaient en demandant une description précise de ce qu'on y trouverait ; Swan décrivit avec précision ce qu'il y voyait : et c'était scrupuleusement exact. Dans un autre exemple la latitude et la longitude correspondaient aux îles Kerguelen, qu'il dessina sans deviner de quoi il s'agissait au juste.

Comme on ne sait pas si après tout le sujet n'a pas une connaissance approfondie des longitudes et des latitudes, il faut apporter à ces expériences un souci de précision accru. Par exemple, dans une de ces expériences, on emprunta à la carte géologique des États-Unis un certain lieu déterminé en degrés, minutes et secondes. On passe alors les coordonnées à un second expérimentateur qui ne savait rien de plus, sauf que le but avait un rapport avec la technologie. Le sujet déclara qu'il avait l'impression d'un grand complexe contenant des bâtiments, des routes, des arbres, des lignes de transport d'énergie. Il dessina et modela en argile une structure spéciale arrondie à droite, et un bâtiment rectangulaire à gauche. Puis, il dessina la structure ronde en disant qu'il s'agissait d'un « aérateur » (en fait c'était une structure gonflable hémisphérique). Il donna des dimensions : 85 pieds de diamètre et 30 de haut (en fait 130 pieds sur 60 de haut). Autre dessin plus détaillé où le sujet déclare qu'il s'agit d'une usine : il ajouta qu'on fait là-dedans quelque chose de la taille d'une automobile, et que cela devait ressembler à un four parce qu'il percevait de la lumière et de la chaleur (en fait l'usine construisait des lasers au gaz carbonique de dix kilowatts).

Étant donné la grande importance du sujet, on fit une autre tentative. En utilisant la même technique et des buts situés n'importe où dans le monde on obtint 22 % de succès.

La vision analytique à distance

Une autre application de la vision à distance serait fort utile, à savoir, par exemple : parmi deux localités, où se trouve une cible déterminée?

On est amené très naturellement à utiliser dans cette direction des techniques susceptibles d'enrichir l'information comme le vote de majorité (un sujet faisant différentes divinations sur le même objet, ou plusieurs sujets tâchant de résoudre un problème identique) : ou encore on pourrait essayer d'appliquer des méthodes raffinées d'analyses de la communication, qui aboutissent maintenant à extraire un signal, quel que soit le bruit de fond qui lui est superposé. Ryzl et Carpenter ont travaillé dans cette direction. Par exemple, Ryzl, en 1966, essaie de faire deviner un nombre à un sujet, en utilisant une méthode élaborée de vote de majorité. Il obtient un résultat hautement significatif. Carpenter, en 1982, essaie de faire deviner le code Morse qui correspond au mot « Peace »; le vote de majorité donne un résultat exact à 100 %. Targ essaie alors de présenter à son sujet un jeu de roulette dissimulé dans une enceinte opaque. Il doit deviner si la boule s'arrête sur le noir ou sur le rouge; mais on emploie un vote majoritaire de la façon suivante : le sujet essaie cinq fois de suite, et une calculatrice dégage aussitôt la majorité, qui est mise en mémoire. Le sujet essaie aussi de deviner, en précognition cette fois, où la boule se trouvera dans l'essai suivant, avant qu'on ne l'ait lancée. Les résultats furent très bons : alors qu'un des deux sujets seulement obtenait des résultats significatifs avec l'évaluation habituelle, les deux sujets dépassèrent le seuil de la signification statistique lorsqu'on employa le vote majoritaire.

Targ apprit par la suite, au cours d'un voyage en Chine, que des physiciens chinois s'étaient livrés à des expériences du même genre. Ici, le but était enfermé dans une boîte de matière plastique opaque, à grande distance de l'expérimentateur. L'originalité de ces recherches consiste dans le fait que les Chinois se demandèrent si un effet physique particulier ne se produisait pas près du but, lorsque s'exerçait la vision à distance. Ils placèrent donc près de la boîte toutes sortes de détecteurs, sensibles aux perturbations électriques, des tubes photoélectriques, des dosimètres thermoluminescents, par exemple, et des plaques photographiques : ils observèrent effectivement des perturbations, comme des pulsations dans les détecteurs électroniques; et les plaques photographiques étaient voilées.

Rentrée en scène de Robert Jahn

Le doyen Jahn ne s'est pas contenté de renouveler la parapsychologie en instituant l'expérience répétable en psychocinèse, cette fameuse expérience répétable à volonté qu'on attendait depuis si longtemps. Il s'est tourné vers un aspect tout à fait différent des phénomènes psy, la vision à distance, en suivant pour l'essentiel la technique de Targ et Puthoff. Mais on pouvait faire certaines critiques à la « technique des juges » qui examinent les rapports du percipient et jugent de sa conformité (ou de sa non-conformité), avec ce qu'a vu l'agent.

Brenda Dunne, qui collabora dès le départ avec Jahn, se livra d'abord à une critique exigeante (quoique sympathique : elle n'est pas rationaliste!) des méthodes de Targ et Puthoff.

La grande difficulté gît justement dans le procédé qu'on est bien forcé d'employer, le diagnostic des juges indépendants. Quelles sont les causes d'erreur inhérentes à cette méthode? Par exemple, dans une série de 27 expériences examinée par cinq juges, trois seulement furent rangées dans la première case (plus grande probabilité d'accord) et trois autres ne furent jamais rangées au-dessus de 2; 13 expériences n'eurent que la note 2 ou moins encore. Les 14 expériences restantes reçurent des notes très variées, démontrant une large diversité dans l'opinion des juges. En tout 50 % des résultats étaient des réussites claires, et le reste très variable. Le plus grave est le flottement des jugements quand les juges en viennent aux réponses dont la corrélation est la plus faible; souvent, quand un juge a rangé une réponse dans la corrélation la plus élevée (ou, au moins, dans le second rang), il se désintéresse quelque peu des rangs suivants, et assignera indifféremment un 4 ou un 7, par exemple.

Il existe un autre danger plus subtil. Le rang 1 peut être assigné parce qu'il correspond exactement au but, ou parce qu'une ressemblance symbolique plus ou moins vague attire l'attention du juge.

Une autre difficulté, inévitable celle-là, vient de la ressemblance entre différents types de cibles, qui complique beaucoup la tâche du juge. C'est alors que Dunne et Jahn, pour répondre à ces objections, décidèrent de supplémenter les réponses globales par un questionnaire binaire très précis, qui améliora énormément le classement des réponses et la mesure de leur corrélation.

L'intérêt de la comparaison des alternatives dans la technique de Jahn c'est que les 30 questions peuvent être enregistrées dans la machine et comparées instantanément non pas seulement avec le but visé dans l'expérience, mais aussi avec tous les autres buts potentiels : on dispose alors d'un juge bien plus puissant et impartial que les juges humains. C'est sans doute la raison pour laquelle la sensibilité de la méthode est tellement augmentée.

La méthode utilisée est si importante que je la transcris ici (liste des questions auxquelles on doit répondre oui ou non).

1. La scène se passe-t-elle plutôt à l'intérieur?

2. La scène est-elle plutôt mal éclairée si elle est à l'intérieur, de nuit si elle est à l'extérieur?

3. Dans la scène y a-t-il perception de hauteur, ou de profondeur, par exemple, regarder une tour, une montagne, etc., ou regarder du haut d'un point élevé ou regarder le fond d'une vallée?

4. Du point de vue de l'agent, est-ce que la scène est bien délimitée, par exemple, l'intérieur d'une chambre, un stade, un jardin?

5. Une partie de la scène paraît-elle péniblement resserrée?

6. Une partie de la scène est-elle tassée, chaotique, en quelque sorte congestionnée?

7. La scène est-elle colorée, avec profusion de couleurs, ou y a-t-il des objets de couleurs vives comme des fleurs, des vitraux?

8. Y a-t-il des signaux, des affiches ou des tableaux prédominants dans la scène?

9. La scène comporte-t-elle du mouvement, par exemple, un courant de véhicules, des gens qui courent ou qui marchent, des objets qui se déplacent?

10. Y a-t-il des sons, comme un avertisseur d'automobile, des voix, des cris d'oiseaux, etc.?

11. Y a-t-il des gens qui ont une signification autre que ceux qui se déplacent normalement dans un bâtiment ou dans les voitures?

12. Est-ce qu'il y a des animaux, oiseaux, poissons, insectes communs qui aient une certaine signification?

13. Est-ce qu'il y a un objet ou une structure qui domine franchement la scène?

14. Est-ce que la scène est surtout naturelle, c'est-à-dire en dehors de l'intervention de l'homme?

15. Est-ce que l'environnement immédiat de la scène

est surtout naturel, c'est-à-dire non fabriqué par l'homme?

16. Y a-t-il des monuments, des sculptures ou des ornements majeurs?

17. Y a-t-il des formes géométriques, triangles, cercles ou portions de cercles, sphères ou portions de sphères (à l'exclusion de bâtiments rectangulaires, de portes, de fenêtres, etc.)?

18. Y a-t-il des poteaux, des colonnes ou des objets minces de cet ordre, comme des cheminées d'usines, etc.?

19. Y a-t-il des portes, des portails ou des entrées (véhicules exclus)?

20. Y a-t-il des fenêtres ou du verre (véhicules exclus)?

21. Y a-t-il des clôtures, des grillages, des séparations ou des échafaudages?

22. Y a-t-il des marches ou des escaliers?

23. Y a-t-il répétition régulière de divers objets ou formes, par exemple, un parking plein d'automobiles, un port avec des bateaux, un pont avec des arches?

24. Y a-t-il des avions, des bateaux, des trains?

25. Y a-t-il d'autres équipements comme des tracteurs, des pompes à essence, des cars?

26. Y a-t-il des autos, des bus, des motos (en excluant la voiture de l'agent)?

27. Y a-t-il de l'herbe ou de la mousse ou une couverture de sol analogue sur une bonne partie de la surface?

28. Vers le milieu de la scène y a-t-il une route, un tunnel, une voie de chemin de fer?

29. L'eau fait-elle partie de la scène?

30. Y a-t-il des arbres, des buissons ou des plantes d'une certaine taille?

En possession de toutes ces données Jahn et Dunne essayèrent différents types de calculs afin d'examiner quel était celui qui améliorait le plus les comparaisons agent-percipient. Il semble bien que le système le plus simple, où l'on répond par oui ou par non, donne de bons résultats et que les autres méthodes de calcul (dont certaines fort élaborées) (à voir dans le travail original) n'améliorent pas beaucoup les résultats.

Les conclusions de nombreux essais sont de la plus grande importance. Je les résume d'après Jahn :

D'abord, à part quelques sujets d'élite comme Ingo Swan, par exemple, l'information acquise par le procédé n'est pas très grande et augmente régulièrement avec le nombre des essais. C'est-à-dire que malheureusement, là comme partout en parapsychologie, il faut beaucoup d'essais. La *distance* ne fait rien à l'affaire jusqu'à plusieurs milliers de miles au moins. La précognition peut s'effectuer plusieurs heures avant la visite de l'agent : donc la *barrière du temps est franchie* comme souvent en parapsychologie.

Un exemple : La scène est une treille recouverte d'un arbuste grimpant. Fond d'arbres verts. Herbe au premier plan. Ensoleillé. Distance par rapport au percipient : deux mille trois cents miles. C'est une *rétro-cognition* une journée après la visite de l'agent.

Description de l'agent : Grande treille circulaire dans le Marquand Park. Deux cercles concentriques de poteaux de bois de cinq pieds et plus de haut, quatorze dans le cercle extérieur, sept dans le cercle intérieur. Barres transversales en haut; une vieille vigne, lourde, sans feuilles s'accroche à la treille. Beaucoup de branches sèches et brisées sur le sol. Je suis dedans et je marche aussi à l'extérieur. Il y a une clôture visible mais non dominante. Tranquille, frais, pas de gens, pas d'animaux, pas de couleurs autres que celle de l'herbe. Des arbres autour sont le seul point dominant.

Description du percipient. J'ai le sentiment de rangées d'arbres ou de buissons comme dans un verger. Le ciel est ouvert? On va du verger à la route. Pas de voiture ni de gens. Le percipient dessine en plus trois arbustes.

Analyse par caractères :

1. A l'intérieur? Non, pour l'agent et le percipient.

2. Sombre? Oui, pour le percipient, non, pour l'agent. Commentaire du percipient : ciel couvert.

3. Hauteur? Non, pour l'agent et le percipient.

4. Des limites? Oui, pour l'agent, non, pour le percipient.

5. Milieu confiné? Non, pour l'agent et le percipient.

6. Agité? Non, pour l'agent et le percipient.

7. Coloré? Oui, pour le percipient, non, pour l'agent; commentaires du percipient : vert foncé.

8. Des affiches? Non, pour les deux.

9. Du mouvement? Non, pour les deux.

10. Des sons? Non, pour les deux; commentaires du percipient : des oiseaux.

11. Des gens? Non, pour les deux.

12. Des animaux? Non, pour les deux.

13. Des objets singuliers? Oui, pour les deux; commentaires du percipient : des arbres.

14. Milieu naturel? Oui, pour les deux.

15. Environnement naturel? Oui, pour les deux.

16. Monuments? Non, pour les deux.

17. Formes géométriques? Non, pour les deux.

18. Poteaux? Oui, pour l'agent, non, pour le percipient.

19. *Portes?* Non, pour les deux.
20. *Du verre?* Non, pour les deux.
21. *Des clôtures?* Oui, pour les deux.
22. *Des escaliers?* Non, pour les deux.
23. *Un motif à répétition?* Oui, pour les deux.
24. *Des avions?* Non, pour les deux.
25. *Équipements spéciaux?* Non, pour les deux.
26. *Des véhicules?* Non, pour les deux.
27. *De l'herbe?* Oui, pour les deux.
28. *Des rues?* Oui, pour l'agent, non, pour le percipient.
29. *De l'eau?* Non, pour les deux.
30. *Des arbres?* Oui, pour les deux.

Comment est l'univers si la voyance existe ?

Il est temps de conclure, si toutefois cela est possible. Les phénomènes de voyance à distance ne paraissent pas niables. Ils ne sont même pas rares, bien que chez les grands sujets ils atteignent une précision tout à fait stupéfiante. Alors, que signifie la voyance?

Le cerveau de l'homme ne serait limité ni par le temps ni par l'espace, pas plus que ne le sont les particules élémentaires en physique quantique. Il peut appréhender le monde matériel à n'importe quelle distance, pénétrer à l'intérieur de la terre, et même l'espace interplanétaire ne constitue sans doute pas une barrière infranchissable... L'esprit de l'homme va [1] où il a décidé d'aller. Ce qui implique que l'univers

---

1. Ou plutôt « est » où il a décidé d'être. Il n'y a pas de voyage, c'est instantané, tous les voyants le disent : Temps et espace sont abolis.

dans lequel se déplace la voyance n'est pas l'univers des sciences ou en constitue tout au moins un aspect radicalement inconnu. C'est comme l'univers du rêve où nous nous déplaçons instantanément où nous voulons, ou l'univers d'après la mort si l'on en croit les communications spirites dont quelques-unes tout au moins sont fort intéressantes. Un univers où la matière n'a plus sa consistance, où le temps n'est plus une barrière, où notre volonté fait tout ce qu'elle désire non plus seulement à l'intérieur de notre corps, mais à l'extérieur.

D'où proviennent alors les caractères du monde matériel, sa consistance, et les obstacles infranchissables qu'il nous oppose si souvent? Peut-être du fait que nous y croyons... Nous croyons qu'il est ce qu'il nous paraît être et il l'est d'ailleurs sous un certain aspect, pour un certain regard. Mais il est d'autres regards qui nous révèlent l'aspect malléable et perméable de ce qui nous paraissait si dur.

On dit d'ailleurs que ces aspects étranges de l'univers (étranges parce que nous n'y sommes pas habitués) se retrouvent dans les états de conscience modifiés. Et que certains sages de l'Inde les déclenchent à volonté. L'univers n'est-il donc que Mâyâ, l'Illusion, un rêve de Brahma? puisque l'univers du voyant ressemble tellement à l'univers du rêve? Je ne le crois pas, je dirai plutôt qu'il est multiple et inépuisable quant à ses aspects.

Et non contradictoire avec ce que nous apprennent les sciences. Mais comment réaliser le mariage entre des aspects si différents? L'hypothèse minimale est que l'esprit et la matière ont des propriétés différentes de celles que nous avons inventoriées. Et notre inventaire n'est sans doute pas complet. Ou qu'il n'y a point de différences entre matière et esprit, et c'est pour cela sans doute que le doyen Robert Jahn essaie de décrire la conscience en termes de physique des quanta.

Formulons quelques hypothèses de travail : lorsque je vois à distance c'est que sans doute quelque chose de moi se trouve près de l'objet que j'essaie de découvrir; car comment interpréter le fait en termes d'images transmises au cerveau? Ce quelque chose n'est-il pas décelable? C'est tout le problème des OBE, des expériences hors du corps : le sujet prétend effectivement se déplacer hors de son corps et voyager librement à travers les murs; il ne dit pas *qu'il voit à distance mais qu'il se déplace.* Alors, pourrait-on déceler d'une manière ou d'une autre sa présence là où il prétend s'être transporté? Plusieurs auteurs ont essayé, sans beaucoup de succès semble-t-il. Les Chinois, à leur tour, au cours d'une expérience où un maître du Qi Gong tentait une vision à distance et y parvenait, ont effectivement enregistré des modifications sur le plan physique, dans la zone de la cible : ces modifications ne sont-elles pas décelables dans toute voyance? Et l'expérience hors du corps ne serait-elle pas banale, présente dans toutes les voyances, et décelable à l'aide d'instruments simples? L'alternative est claire : il n'y a ni distance ni temps, tous les phénomènes sont affectés de non-localité, ce que les physiciens acceptent, mais au niveau quantique seulement, pas au niveau macroscopique. Ou il existe plusieurs univers, non pas isolés, mais en interaction, et on peut passer de l'un à l'autre; autrement dit il y a un endroit et un envers des choses. Je tiens pour cette deuxième hypothèse, parce qu'elle est féconde et inspiratrice d'expériences.

Ajoutons tout de même que si étonnants que soient les miracles que la volonté semble pouvoir réaliser à

174

distance, ils ne sont cependant pas plus merveilleux que ce que la volonté fait à l'intérieur de notre corps. Elle agit instantanément dans n'importe quelle action, en ignorant superbement par quel mécanisme : elle est orientée *vers le but et non vers les moyens*. Et c'est exactement ce qu'elle continue à faire dans la psychocinèse : si on lui propose des générateurs aléatoires de modèles et de mécanismes très différents, elle agit et parvient à son but avec une égale facilité. Peu importe les moyens, il n'y a que le but qui compte!

L'hypnose,
un défi du type « psy »

Les travaux russes sur l'hypnose

Les anciens travaux russes nous livrent une moisson de faits incroyables, qui nous font d'autant plus regretter que l'étude de l'hypnose soit passée de mode. En bref, il semble qu'on puisse modifier par l'hypnose quasiment toutes les fonctions physiologiques : quoique cela ne puisse être réalisé que sur certains sujets (restriction qu'il ne faut jamais perdre de vue quand on traite de l'hypnose).

Ces travaux appartiennent presque tous à l'école pavlovienne et à mon sens ils ont été très injustement oubliés. En deux mots, il n'existe pour ainsi dire pas de réaction physiologique qui ne puisse réagir à l'hypnose.

Platonov et ses élèves, par exemple, ont remarqué des modifications du rythme respiratoire des sujets quand on frappe un coup de marteau sur une plaque de tôle sans les prévenir : ils sont désagréablement surpris, manifestent une légère irritation et leur rythme respiratoire s'accélère pendant quelques secondes. Mais on peut leur faire sous hypnose diverses suggestions comme « le son du marteau ne vous agace pas » ou encore « quand vous serez réveillé, le son du marteau va vous endormir ». Aussitôt après, le rythme respiratoire ne change pas au coup de marteau ; ou bien le sujet réveillé s'endort dès qu'il entend le son du marteau, et sa courbe respiratoire montre la grande inspiration initiale et le rythme calme et profond qui caractérise le sommeil : on peut d'ailleurs, alors qu'il est en sommeil hypnotique lui suggérer qu'il se réveillera au son du marteau, ce qui réussit tout aussi bien. Comme le remarque Platonov la suggestion verbale fait dévier la réaction conditionnée initiale dans n'importe quel sens !

Dans une seconde expérience, le sujet endormi reçoit sur l'avant-bras un sac de glace ce qui provoque une violente réaction respiratoire. On enlève le sac, pour le replacer quelques minutes plus tard, en prononçant le mot « chaleur » : alors la réaction respiratoire est beaucoup moins ample et beaucoup moins rapide ; et ceci d'autant plus que le mot chaleur est répété plus souvent et d'un ton plus affirmatif.

Black (1969), avec un dispositif assez compliqué, présente à un sujet, à des intervalles réguliers (pour éviter l'« habituation »), une série de « clics » suivis obligatoirement d'un éclair lumineux. On enregistre l'électroencéphalogramme correspondant. Le pic de potentiel (potentiel évoqué) correspondant au clic est net comme il fallait s'y attendre ; mais par contre le pic correspondant à l'éclair lumineux n'est net qu'au début, et ne tarde pas après quelques présentations à devenir de plus en plus faible. Il semble que les sujets soient capables, au moins pendant quelques secondes, d'enregistrer une information suivant laquelle un clic est toujours suivi d'un éclair.

Maintenant, raisonne Black, il est bien connu que

sous hypnose le sujet croit sentir, voir ou entendre ce qu'on lui suggère. Qu'arriverait-il donc si on lui suggérait qu'il entend des clics, *en plus de ceux qu'il entend réellement?* Puisque la réaction à l'éclair diminue en proportion des clics déjà entendus, elle devrait diminuer alors beaucoup plus vite.

Or, c'est bien ce qui se passe : le clic « halluciné » a exactement le même effet qu'un clic réel. Et on note la présence des accidents de l'*encéphalogramme correspondant aux clics de la suggestion!*

L'énergie physique, mesurée par ergographie, et l'hypnose. L'ergographe est un appareil fort simple qui permet de mesurer l'énergie musculaire. Le sujet doit tirer sur un câble qui soulève de terre, par l'intermédiaire d'une poulie, un poids plus ou moins lourd : les levées successives et leur amplitude sont enregistrées, jusqu'à l'épuisement total du sujet.

Le sujet D de Platonov soulevait un poids de quatre kilos à la cadence de 120 fois par minute. On lui fait boire, après deux minutes, cent centilitres de porto, puis il reprend le travail à l'ergographe : une baisse considérable de ses performances est enregistrée à la sixième minute. On l'endort alors pour lui suggérer que ce qu'il a bu n'était pas du porto mais de l'eau. Le sommeil hypnotique dure quinze secondes, après quoi elle reprend l'ergographe et ses performances remontent énormément.

Un autre sujet de trente-six ans, bâti en hercule, levait à l'ergographe un poids de dix kilos, 104 fois par minute et montrait une décroissance des performances à la quatrième minute. On déclenche le sommeil hypnotique pendant dix secondes en lui suggérant que le poids ne pesait que cinq kilos au lieu de dix et qu'il peut facilement continuer à travailler. Et c'est ce qu'il fait après l'ordre de réveil en ne donnant des signes de fatigue qu'à la septième minute. Cette expérience, avec un autre sujet, donna le même résultat, quant à l'influence de l'hypnose.

Pendant cet exercice, on étudia la ventilation pulmonaire : lorsque le poids était soulevé, sans la suggestion qu'il était plus léger, la ventilation monte de 3,5 litres à 13,5 litres, mais après cette suggestion elle monte beaucoup moins.

Linetsky fit une expérience plus spectaculaire encore. Il fit soulever des poids de l'ergographe jusqu'à la fatigue du sujet puis lui suggéra que le poids était maintenant deux fois plus léger : aussitôt le sujet redevint capable de le soulever, jusqu'à un moment où la fatigue se fit sentir à nouveau; alors Linetsky suggère que le poids est maintenant quatre fois moins lourd; puis quand la fatigue se manifeste à nouveau annulant les effets de la suggestion précédente, il suggère que le poids est dix fois moins lourd; puis vingt fois moins lourd. On assiste chaque fois à une reprise de la performance, lorsqu'une nouvelle suggestion vient remplacer la précédente devenue inefficace. Linetsky conclut justement que le phénomène de l'inhibition survient dans les cellules du cortex longtemps avant qu'elles aient épuisé toutes les réserves d'énergie de l'organisme.

Ce qui est riche en conséquence et fournirait aux sportifs une méthode de dopage d'une efficacité souveraine et indécelable!

L'hypnose et les drogues

Chose extraordinaire, les drogues elles-mêmes, ou tout au moins leurs effets, n'échappent pas à la suggestion hypnotique. Marcus et Sahlgren (1925) diminuent fortement par suggestion l'influence de l'adrénaline, de l'atropine et de la pilocarpine, ou encore réduisent l'action de l'insuline sur le sucre sanguin, en suggérant au malade endormi qu'on lui injecte de l'eau.

L'hypnose et les réactions allergiques

Il semble possible d'inhiber de cette façon les fâcheuses réactions qu'on observe chez certaines personnes après l'ingestion de certains aliments, comme les crustacés, par exemple. Kartamyshev (1942) cite, par exemple, l'élimination par hypnose d'une grave dermatite consécutive à une injection de salvarsan. Platonov avait trouvé auparavant des résultats analogues.

Black, Humphrey et Niven ont travaillé sur la réaction de Mantoux qui se produit quand on injecte dans le derme un allergène : il y a infiltration de la zone injectée par des lymphocytes; de plus une exsudation de fluides dans les espaces intercellulaires provoque un gonflement plus ou moins notable suivant les individus. Or si l'on suggestionne le sujet en lui affirmant sous hypnose qu'il n'y aura pas de réaction, des biopsies du derme pratiquées tout de suite après l'injection sont fort surprenantes : on y remarque en effet l'infiltration des lymphocytes, mais aucunement l'enflure qui aurait dû se produire en même temps! On peut inhiber aussi par suggestion la réaction de Prausnitz-Kustner : normalement, l'injection à un second individu du sérum d'un sujet ayant déjà réagi provoque une réaction du même type. Or le sérum d'un sujet ayant inhibé psychiquement la réaction de Mantoux ne provoque aucune augmentation des anticorps dans le sérum (Mason et Black, 1958).

Quel est le mécanisme physiologique de cette surprenante inhibition? Normalement, l'enflure peut être inhibée par l'injection de « cortisol », autrement dit d'hormones surrénaliennes. Il est raisonnable de penser que la suggestion a un certain effet sur la surrénale. Mais les dosages de cortisol avant et après l'injonction hypnotique n'ont rien donné.

L'hypnose et le diabète

Chez les diabétiques, dont l'équilibre glycémique est particulièrement instable, on peut produire une montée de sucre sanguin en leur suggérant sous hypnose qu'ils boivent de l'eau sucrée, alors qu'il s'agit d'eau pure. Et, à l'inverse, la suggestion qu'un verre d'eau sucrée est un verre d'eau pure peut induire une baisse dans la glycémie (Dunbar). Nielson et Geert Jorgensen (1967) doutent que l'on puisse en faire autant chez le sujet sain. Il est à noter toutefois que les possibilités thérapeutiques de l'hypnose chez les diabétiques n'ont pas été suffisamment explorées. Citons quelques anciennes expériences : Gigon et ses collaborateurs (1926) ont suggéré sous hypnose à des diabétiques hypnotisés que leur pancréas allait sécréter suffisamment d'insuline et que le sucre allait fortement décroître dans leur sang et leurs urines. Ils observèrent en fait des baisses considérables sur les quatre sujets qu'ils avaient traités; de 0,230 à 0,121; de 0,265 à 0,225; de 0,183 à 0,120 %; quant au sucre urinaire : de 4,3 à 3,4 % et de 4,2 à 0. Mais l'hypnose sans suggestion ou avec une faible suggestion n'a pas d'effet ou seulement un effet très faible. D'autre part, la suggestion hypnotique qu'une injection d'insuline est en réalité une injection de sérum physiologique (eau faiblement salée) annule l'effet hypoglycémiant de l'insuline.

Notons toutefois que d'autres auteurs, comme Povorinsky et Finne (1930) objectent que ces effets pourraient être des effets secondaires de la suggestion. Ils ont donc repris avec beaucoup de soin toutes les expériences, en essayant au maximum d'éliminer le facteur émotionnel. Leurs conclusions sont les suivantes :

- il est vrai que par la suggestion la glycémie peut augmenter si l'on suggère l'ingestion d'une grande quantité de sucre; et qu'inversement les effets de la consommation d'une grande quantité de sucre peuvent être nuls sur la glycémie, si l'on a suggéré au patient que « ce n'était pas du sucre »;
- en dehors de toute suggestion précise, l'état hypnotique par lui-même tend à faire baisser la glycémie. Enfin, Dolin, Minker-Bogdanova et Povorinsky (1934) font ingérer à un sujet en état de sommeil hypnotique une solution concentrée de sucres, en lui suggérant qu'il s'agit d'eau distillée : non seulement la glycémie n'augmente pas, mais encore elle diminue dans la première partie de l'expérience! Ajoutons que l'expérience inverse, plus étonnante encore, réussit également; elle consiste à faire jeûner un sujet trois jours, puis à lui administrer sous hypnose un verre d'eau, en lui suggérant qu'il s'agit d'un pot de confiture : et la glycémie qui était fort basse augmente aussitôt fortement. Les tissus, dans ce cas, cèdent certainement

La fonction psy

leur sucre au sang, par un processus inverse de l'habituel...

La fameuse expérience de Mason

C'était en 1952; on amène dans le service où le Dr Mason était anesthésiste un patient d'un aspect horrible : il était atteint d'érythrodermie ichtyosiforme de Brocq, maladie sans recours possible, puisqu'elle tient à l'absence de diverses glandes indispensables au bon fonctionnement de la peau; les bras, les mains et le corps du malade sont recouverts d'une croûte épaisse et dure qui a l'aspect du carton; ses mains sont ainsi emprisonnées dans une sorte de boîte dure, et il ne peut plier les doigts sans rompre la croûte et provoquer des saignements répétés. On entreprit de faire une greffe de peau en fixant sur le dos de la main de la peau saine prélevée ailleurs. Mais au bout de très peu de temps, la greffe fut rejetée et l'horrible ichtyose réapparut.

Le Dr Mason, qui était un habile hypnotiseur, eut pitié de ce pauvre homme et proposa au médecin-chef de le soigner par hypnose : comme tout espoir d'une autre cure était perdu, le médecin-chef acquiesça.

Mason commença par traiter seulement le bras gauche en laissant le reste comme témoin : il endormit donc le sujet et lui suggéra sous hypnose que les croûtes allaient tomber de son bras gauche qui deviendrait tout à fait sain. Après quoi, il le réveilla en lui demandant de revenir le voir. Cinq jours plus tard, la couche cornée et dure qui emprisonnait la peau devint molle et friable, puis tomba; par la suite, le bras gauche devint parfaitement sain, mais *le bras gauche*

184

seulement, depuis l'épaule jusqu'au poignet. Mason essaya ensuite de traiter le reste du corps, avec un certain succès, mais il ne parvint pas toutefois à éliminer complètement la maladie. Le sujet, fortement encouragé par ces résultats, put reprendre ses activités de manière quasiment normale (Mason, *Brit. Med. Journal,* 1952). Deux autres cas de ce type d'ichtyose furent traités par un autre hypnotiseur avec le même succès. Rappelons que la maladie était absolument sans remède.

Toumo et l'hypnose

Gessler et Hansen (1927) ont peut-être reproduit le fameux phénomène connu chez les Tibétains sous le nom de « toumo resskiang » (David-Neel). L'ascète, pour prouver qu'il a atteint un certain degré de concentration mentale et qu'il est avancé dans les exercices psychiques, s'assied nu sur la neige, pendant l'hiver; on place sur son dos des draps trempés dans l'eau glacée et il doit les sécher; cet exercice est répété plusieurs fois et les témoins rapportent que la vapeur d'eau chassée du drap par l'intense chaleur corporelle fume dans l'air glacé. Cela implique une modification brutale du métabolisme dont l'activité doit augmenter dans des proportions énormes. Or l'hypnose peut-elle modifier le métabolisme? Il semble bien que oui, d'après Gessler et Hansen. Leurs sujets étaient nus et endormis dans une chambre à 0 °C. On leur suggérait qu'ils avaient chaud : or dans ces conditions leur métabolisme de base restait ce qu'il était à la température ordinaire. Dans une autre expérience, on a suggéré aux sujets endormis à la température ordinaire qu'ils avaient très froid : immédiatement leur métabolisme a monté de 20 à 80 %. Sans doute ce n'est pas encore « toumo resskiang » mais il semble bien qu'on soit sur le même chemin !

Annuler l'odeur d'ammoniaque ! On sait la violente réaction de rejet que provoque l'odeur de l'ammoniaque, avec arrêt de la respiration, excitation de la sécrétion lacrymale, etc. Platonov, dont l'audace ne connaît vraiment pas de bornes, a eu l'idée de faire inhaler à un sujet de l'ammoniaque en lui suggérant qu'il s'agissait d'odeur de violette. Le sujet endormi présentait d'abord, tout comme dans l'état de veille, les violentes réactions qui sont de règle; mais après la suggestion « odeur de violette » il se mit à sourire et inhala l'ammoniaque : sa réaction de défense, pourtant si violente, était complètement annulée...

L'alcool et l'hypnose. Kozis (1951), Sumbayev (1946) et plusieurs autres réussissent à supprimer au cours de l'hypnose les effets physiologiques et comportementaux de fortes doses d'alcool : excitation générale, rubéfaction de la face, accélération des battements du cœur; mais ils arrivent très bien aussi à les reproduire quand ils font ingérer au sujet un grand verre d'eau en lui faisant croire que c'est de la vodka !

L'hypnose et les brûlures

Je voudrais parler d'abord d'un phénomène signalé par de nombreux auteurs mais bien mal étudié à mon avis, celui de la marche sur le feu.

La marche sur le feu est pratiquée dans de très nombreuses contrées, généralement dans un contexte religieux : elle l'était encore en France au XVIIIᵉ siècle;

elle l'est toujours en Espagne à San Pedro Manrique. Le scénario est toujours le même, c'est-à-dire que les participants, hommes, femmes et enfants, marchent nu-pieds sur les charbons ardents et ne sont pas brûlés. Un rationaliste convaincu, le Dr Bernard Leikind, en a fait autant nous rapporte le *Skeptical Inquirer,* sans être le moins du monde brûlé mais après s'être fait, il le confesse, la plus belle peur de sa vie.

Cela étant dit, je crois que l'on confond plusieurs phénomènes : il y a marche sur le feu et marche sur le feu. Par exemple, dans le cas du Dr Leikind un lit de charbons ardents se trouvait bien là, mais sous une faible épaisseur et une petite longueur : il ne fallut au sceptique que trois ou quatre secondes pour le franchir. De même à San Pedro Manrique, d'après des photos que l'on m'a montrées, les charbons sont assez dispersés et ne forment pas une couche bien épaisse ; trois ou quatre enjambées suffisent à les franchir.

Considérons maintenant le rite tel qu'il est pratiqué aux fêtes de Saint-Constantin, près d'Athènes, le jour de la Pâque orthodoxe. Les fidèles ou « anasténarides » ce qui veut dire en grec « les sanglotants », commencent par se préparer longuement depuis la veille en s'entassant dans une petite pièce où l'on brûle des herbes odorantes ; d'après les témoins, l'atmosphère y est à peu près irrespirable. Ils pleurent et sanglotent en souvenir du martyre de leur patron saint Constantin. Puis tout d'un coup l'un d'eux saisit l'icône du saint et, la serrant sur son cœur, marche vers le brasier.

Il a été préparé quelques heures. C'est un fossé d'une dizaine de mètres de long, peu profond, une trentaine de centimètres peut-être, large de moins de un mètre. Il est rempli de braises ardentes : la chaleur

187

rayonnée est si forte qu'on ne peut s'en approcher à moins de un mètre. « L'anasténaridès » ou « l'anasténarissa », car des femmes participent également à la cérémonie, parcourt le fossé dans toute sa longueur en dix à quinze secondes. La foule peut regarder et cinématographier tout ce qu'elle veut : les anasténarides consentent facilement à ce que des médecins examinent leurs pieds : ils ne portent pas trace de brûlure...

Je pense donc qu'entre les anasténarides et l'expérience de Leikind il y a un abîme.

Et cela me rappelle tout à fait une autre expérience que les « rationalistes » imaginèrent pour démontrer que le transport d'énormes pierres par nos ancêtres qui en faisaient leurs dolmens et leurs menhirs, ne pose aucun problème. Ils ont déposé sur des rouleaux de chêne une grosse pierre d'une dizaine de tonnes, y ont attelé des bénévoles et ont constaté que tirée par une centaine d'hommes, la pierre s'ébranlait facilement sur plus d'un kilomètre : il est vrai que cent hommes, c'est l'équivalent d'un gros bulldozer...

Vous voyez, conclurent les rationalistes, le transport des grosses pierres dont on a voulu faire un miracle, est la chose la plus naturelle qui soit! Il n'est pas besoin d'invoquer des forces surnaturelles comme on l'a fait pour Stonehenge, par exemple...

Je dis que pas plus que le Dr Leikind, ces braves gens n'ont rien démontré du tout. Dans le cas de Stonehenge, par exemple, il ne s'agit point de remorquer sur quelques kilomètres une grosse pierre, mais de faire franchir à des dizaines et des dizaines de blocs énormes des centaines de kilomètres, (et pour certaines d'entre elles) de leur faire passer le canal de Bristol, qui est un bras de mer fort large. Car

Stonehenge n'est pas isolé; un monument voisin se trouvait à Avebury, dont le plan était similaire mais beaucoup plus grand, et on trouve une foule d'autres mégalithes en Grande-Bretagne. Le problème, le vrai problème est le suivant : au néolithique, date de construction de ces monuments, la population entière de la Grande-Bretagne ne devait pas excéder de beaucoup cent mille hommes largement dispersés. *Comment veut-on qu'ils aient pu faire tout ce travail?* Le cas est fort différent pour les Pyramides, car les Pharaons disposaient de main-d'œuvre en abondance : ce n'était pas le cas, loin de là, à Stonehenge : voilà la vraie question.

Mais revenons à nos moutons. Comment le corps humain peut-il supporter des chaleurs pareilles (plus de 700 °C pendant dix secondes), sans en être incommodé?

On rencontre aussi une cérémonie en Océanie, où les marcheurs s'avancent sur des pierres chauffées au rouge.

L'explication? Il n'y en a guère, à peine quelques hypothèses. D'abord il se pourrait que la chaleur superficielle des braises ne soit pas si élevée qu'on pourrait le croire et ne monterait pas, paraît-il, à plus de 300 °C, ce qui paraît suffisant pour brûler une sole plantaire. Le phénomène le plus inexplicable n'est pas là, me semble-t-il : Les « anasténarissas » portent d'amples robes de coton qui s'arrêtent un peu au-dessus de la cheville : *elles ne s'enflamment pas.*

On m'a raconté, mais je ne l'ai pas vérifié, qu'un journaliste, stupéfait de ce phénomène bien plus étonnant que l'incombustibilité du corps, se procura un morceau de la même étoffe et la tint, au bout d'un bâton à la même distance que le bord inférieur des jupes au-dessus des braises : naturellement, le coton s'enflamma aussitôt.

Il est abracadabrant que les missions scientifiques ne se soient pas succédé d'une manière ininterrompue jusqu'à ce qu'on ait trouvé la clé du phénomène... Il est vrai qu'il faudrait être bien sûr de sa position sociale pour oser ainsi enfreindre les multiples tabous de notre vieille science prétendument cartésienne.

Tout de même Gastaut, doyen de la faculté de médecine de Marseille, a eu le courage d'envoyer là-bas son assistante le Dr Arlette Beaumanoir. Voici le récit d'Aimé Michel.

« Le Dr Beaumanoir et son équipe d'électroencéphalographie ont pu filmer intégralement le déroulement de la danse sur le feu... et enregistrer par télé-encéphalographie les manifestations électriques cérébrales concomitantes de l'extase des danseurs; les résultats les plus frappants sont les suivants.

1. La danse pieds nus sur les braises ardentes est un fait bien établi, observable à loisir; une équipe de Genève a pu contrôler l'état cutané plantaire avant et après la danse et constater l'absence de toute trace de brûlure, comme de tout onguent ou de tout autre dispositif protecteur et de tout trucage. Certains danseurs ont certes la peau épaisse des travailleurs de force; mais le professeur Beaumanoir a observé également la fine peau des pieds d'une jeune étudiante avec les mêmes résultats.

2. Les non-initiés, s'ils tentent d'imiter les processus des adeptes, se brûlent.

3. Les adeptes ne marchent sur la braise que lorsqu'ils se sentent dans un certain état intérieur qu'ils savent reconnaître; s'ils tentent de danser quand ils ne sont pas dans cet état ils se brûlent. De même si

cet état cesse : ils se hâtent alors de sortir du feu. L'état propice semble créé par la danse, le chant, la musique, la foule, le bruit; la cérémonie est nocturne.

4. L'état propice se manifeste à l'EEG par l'inébranlable persistance du rythme alpha, qu'aucune réaction d'arrêt ne vient bloquer tant que dure cet état, en contradiction avec ce qui s'observe sur tout cerveau normal. De plus cet alpha est aussi net sur les électrodes antérieures que sur les autres : il y a extension du rythme alpha au cerveau antérieur... Certains auteurs, dont Gastaut lui-même, demandent des observations plus nombreuses avant de se prononcer.

Bien entendu ceux qui veulent répéter les observations ont cent fois raison; mais, dans ce cas, c'est la chose du monde la plus facile. Alors?

Ce qui nous gêne, ici comme dans d'autres cas, c'est l'absence complète d'une théorie, d'une piste qui permettrait d'envisager des expériences... Si j'osais hasarder quelque chose, en supposant le phénomène totalement établi, ce serait l'idée suivante dont je ne me dissimule pas le caractère invraisemblable : la chaleur n'est autre chose qu'un état d'agitation des atomes; il faudrait donc admettre que quelque chose (le psychisme?) impose le repos aux atomes de la plante des pieds, ce qui les maintiendrait froids; ce serait un cas fabuleux de psychocinèse, une véritable révolution scientifique; il faut la faire.

Hélas! notre science n'aime pas les révolutions.

L'expérience du Dr Dabney Evin

Le Dr Evin, professeur associé de chirurgie à Tulane University, utilise régulièrement l'hypnose dans le traitement d'urgence des brûlures. Il soutient que si l'hypnose est appliquée moins de deux heures après la brûlure, avant que l'organisme n'ait eu le temps de réagir, elle peut inhiber quasiment complètement la violente réaction organique dont l'enflure est la plus apparente, avec toutes ses suites fâcheuses, en particulier le grand danger d'infection. On lui amène un jour un malade atteint par une explosion d'acétylène et dont le bras avait été exposé à une température de l'ordre de 300 °C : il l'hypnotise en implantant dans son psychisme l'idée qu'il se sent calme et confortable ; il bande la blessure et le renvoie au travail. Le jour suivant, la peau était encore inflammée mais il n'y avait ni enflure ni infection ni douleur. En douze jours, le bras était redevenu tout à fait sain.

Tenons-nous l'ombre d'une explication ? Une sorte d'hypnose empêcherait-elle les anasténarides de sentir le feu et leur peau d'y réagir ? Outre les énormes problèmes physiologiques et physiques que cela supposerait, je crois pour ma part que nous sommes aussi loin de comprendre que jamais.

Car je n'ai pas évoqué un fait qui pour moi est le plus stupéfiant : les anasténarissas portent des robes longues en coton qui descendent jusqu'aux chevilles ; or le tissu ne s'enflamme pas ; l'expérience a été faite de brandir au-dessus du feu, au bout d'un bâton, un morceau de tissu analogue : il s'est enflammé aussitôt.

D'autre part, Basil Thomson, chef du Département criminel à Scotland Yard, rapporte avoir vu les Fidjiens marcher sur le feu avec des frondes de fougères sèches et très inflammables pendues à leurs hanches, et qui ne s'enflammaient pas.

Voilà un problème qui dépasse de loin l'hypnose...

L'hypnose à distance

La première tentative moderne d'hypnose à distance remonte aux célèbres expériences de Pierre Janet avec son sujet Léonie, mais il y en a eu beaucoup d'autres auparavant, faites par des disciples de Messmer. Toujours est-il que le sujet de Janet se prêta à 22 expériences où l'hypnotiseur était séparé d'elle par une distance de mille cinq cents mètres. Janet pouvait l'endormir à volonté ou lui faire exécuter différentes actions, en présence de chercheurs qualifiés dont faisait partie l'illustre Myers, un des fondateurs de la Society for Psychical Research. Sur les 22 expériences 16 réussirent et Janet se borna à conclure que ces phénomènes mériteraient d'être reproduits et étudiés : ce que personne ne fit. Il fallut attendre Bechterew, en 1920, pour que le problème de la suggestion à distance refasse surface, mais ce fut seulement Vassiliev, élève de Pavlov, qui vers 1930 reprit méthodiquement le sujet. Ses premiers essais concernèrent la possibilité de suggérer à distance des actes moteurs ou des images, mais il se rendit compte rapidement que le déclenchement ou l'arrêt à distance du sommeil hypnotique donnait les meilleurs résultats. Pour se rendre compte que le sujet était réveillé ou endormi, on lui demandait de presser une poire d'air comprimé qu'il tenait dans sa main, toutes les deux ou trois secondes et les contractions de la poire étaient enregistrées sur un cylindre : le déclenchement du sommeil devenait immédiatement lisible.

Plusieurs centaines d'expériences furent réalisées entre 1933 et 1936. La distance semble dépourvue d'importance dans le déclenchement du sommeil sur ordre de l'hypnotiseur, jusqu'à une distance de mille sept cents kilomètres entre Sébastopol et Leningrad. Vassiliev eut l'idée de placer les sujets dans des cages de Faraday, sans aucun résultat digne d'être noté. Il déclare que le seul facteur important est que l'hypnotiseur visualise très clairement l'endroit où se trouve le sujet et se le représente en état d'éveil ou de sommeil.

Eisenbud reprit ces expériences lui-même sur un sujet qu'il avait entraîné à l'hypnose : l'expérience consistait à lui suggérer de téléphoner à Eisenbud, à des heures intempestives, bien après minuit, et dans un cas à grande distance. Il suggéra aussi à un autre sujet de lui téléphoner dans l'heure, alors qu'il se trouvait à quarante miles de là : ce que fit le sujet. Il s'en justifia bien sûr par des prétextes bizarres, sans se rendre compte qu'il avait agi sur un ordre hypnotique.

Cependant Eisenbud ne continua pas plus que Janet ou Vassiliev et tant d'autres. Pourquoi ces abandons dans une voie si prometteuse? Car l'hypnotisme à distance ne paraît pas plus difficile qu'au contact du patient.

Eisenbud s'en explique franchement : il s'est arrêté parce qu'il avait peur! c'était une sorte de pouvoir magique, écrit-il. Et puis le chauffeur qu'il avait habitué sous hypnose à lui téléphoner à des heures impossibles se plaignit, par la suite, d'avoir en tête sans arrêt l'image de l'hypnotiseur et de ne pas arriver à penser à quelqu'un d'autre : en bref, un véritable cas de « possession ». Je sais de quoi il parle et je connais le frisson glacé qui vous parcourt quand une expérience de parapsychologie marche un peu trop bien.

Conclusion. Tout semble sujet à l'influence de l'hypnose. Malheureusement, comme on le sait, l'hypnose n'est plus à la mode, et ces expériences sont pour la plupart très anciennes, avant les développements foudroyants de la physiologie moderne. Il ne reste plus qu'à les recommencer.

Mais pourquoi avons-nous renoncé à un moyen d'investigation aussi puissant? C'est à cause d'un processus tortueux né dans la cervelle compliquée des psychanalystes et sur lequel Stengers et Chertok donnent des lumières inattendues.

Pourquoi les analystes n'aiment pas l'hypnose?

Devant des résultats aussi extraordinaires et aussi scandaleusement oubliés, on se prend à rêver quant à la cause qui a fait négliger la possibilité d'une nouvelle physiologie. Stengers et Chertok ont là-dessus une ingénieuse théorie, qui me paraît assez exacte : en deux mots, ils admettent que l'hypnose a été bannie du monde scientifique à cause d'une rancune des psychanalystes, procédant d'une grande déception de Freud lui-même!

L'idéal de Freud était de dégager une thérapie qui soit véritablement scientifique, comme la chimie l'est devenue après Lavoisier. C'est-à-dire qui puisse produire des résultats nets et reproductibles, indépendants de la personnalité du thérapeute. Or il faut se hâter de dire que l'hypnose ne répond point à ces critères. Les étonnants résultats que je viens d'évoquer dépendent étroitement et du sujet et de l'hypnotiseur.

Ni chaque hypnotiseur ne peut les produire, ni chaque sujet n'est capable de les fournir (ce qui répugne à l'esprit scientifique, *lorsqu'il est étroit,* mais pour d'autres esprits, moins sensibles aux préjugés scientistes, l'important dans ces phénomènes, *c'est qu'ils existent!*). Freud crut trouver dans les techniques de l'analyse, et en particulier dans le transfert, un moyen d'éviter l'action du thérapeute sur son patient, et d'obtenir par là même une sorte de thérapie impersonnelle, annulant les résistances du patient et l'amenant à reconnaître les sources de sa névrose.

Mais, hélas, dans un article resté célèbre, Freud reconnaît qu'il s'agissait d'une illusion; le patient échappe à l'analyste et ne reconnaît pas forcément le bien-fondé de l'interprétation : d'où ces analyses interminables que Freud lui-même reconnaît et déplore.

Mais il y a plus grave. Stengers et Chertok citent l'opinion de Roustang suivant laquelle l'analyse n'est guère autre chose qu'une « suggestion au long cours » qui produit entre l'analyste et l'analysé un lien tout aussi fort qu'entre l'hypnotiseur et son sujet. Beaucoup de malades en arrivent à ne plus pouvoir se passer de leur analyste et dans bien des cas c'est là le résultat le plus tangible de la cure.

Ainsi donc, la suggestion mise à la porte est rentrée subrepticement par la fenêtre : et toutes les critiques que les freudiens adressaient à l'hypnose se retournent contre eux. Qu'ils en éprouvent dc l'amertume, on le comprend et c'est pourquoi on ne parle pas de l'hypnose chez eux : comme dit la sagesse populaire, on ne parle pas de corde dans la maison d'un pendu...

Les influences du type psy
sont-elles universelles?

Les forces psy pourraient-elles interférer avec la combustion, la déclencher ou s'opposer à ses effets?

Une des plus curieuses lettres que j'ai reçues est celle d'un officier de gendarmerie qui commandait la brigade des sapeurs-pompiers de Nancy, à propos d'un cas des plus étranges sur lequel il avait dû enquêter.

On venait de trouver à Uruffe une femme d'un certain âge morte brûlée dans des conditions inexplicables. Son corps était presque entièrement consumé, une de ses jambes était entièrement brûlée mais l'autre à peu près intacte avec un bas nylon en place. Le linoléum sur lequel reposaient les malheureux restes ne s'était pas consumé; la bouteille de butane à proximité n'avait pas explosé.

Or peu de gens savent que dans les conditions ordinaires, *le corps humain ne peut brûler,* tout simplement parce qu'il est gorgé d'eau (88 %). Hitler a eu les plus grandes difficultés à faire disparaître par le feu les corps des victimes des camps de concentration. La crémation des cadavres exige en effet des fours s'élevant à des températures de 1 500°C. D'ailleurs le commandant des sapeurs-pompiers s'en assura en essayant de brûler un cadavre de mouton qu'il arrosa abondamment d'essence, sans rien obtenir de satisfaisant, et pour la même raison que dans le cas des hommes : le corps de tous les mammifères est gorgé d'eau.

Le corps de la femme d'Uruffe ne pouvait donc pas brûler sans un feu très intense, dont il n'y avait pas la moindre trace car il aurait mis le feu à l'immeuble. Le commandant, complètement désorienté, me demandait si j'avais entendu parler de cas semblables : bien sûr, c'est connu depuis très longtemps *et ce n'est même pas si rare...* Un humoriste de génie, Charles Fort, en a parlé à plusieurs reprises. Et, comme dans le cas d'Uruffe, ces phénomènes se produisent de nos jours.

Les vieux traités de médecine étudient d'ailleurs les combustions spontanées. Voici un cas tout à fait classique rapporté dans le *Dictionnaire des sciences biologiques* (1813).

« Dom C. Maria Bertholi, prêtre domicilié au mont Valère, dans le diocèse de Livizzano, se transporta, dit M. Battaglia, à la foire de Filetto, où l'attiraient quelques affaires. Après avoir employé toute la journée à des courses dans la campagne des environs, pour des commissions, il s'achemina le soir vers Fenile et descendit chez un de ses beaux-frères, qui y avait une habitation. En arrivant, il demanda à être conduit dans l'appartement qui lui était réservé; là il se fit passer un mouchoir entre les épaules et la chemise, et, tout le monde s'étant retiré, se mit à dire son bréviaire. Quelques minutes s'étaient à peine écoulées lorsqu'on entend un bruit extraordinaire dans ce même appartement où M. Bertholi venait d'être installé; et ce bruit, à travers lequel on entendait les cris du prêtre, ayant attiré les gens de la maison, on trouve, en entrant, ce dernier étendu sur le pavé, et environné d'une flamme légère, qui s'éloigne à mesure qu'on s'approche et enfin s'évanouit. On le porte aussitôt sur son lit et on lui administra tous les secours qu'on pouvait avoir sous la main; le lendemain je fus appelé et, ayant examiné avec soin le malade, je trouvai que les téguments du bras droit étaient presque entièrement détachés des chairs et pendants, de même que la peau de l'avant-bras. Dans l'espace compris entre les épaules et la cuisse, les téguments étaient tout aussi fortement endommagés que ceux du bras droit; je n'eus donc rien de plus pressé que de procéder à l'enlèvement de ces lambeaux... Le quatrième jour, après deux heures d'un assoupissement comateux, il expira... Ayant eu soin de prendre du malade lui-même des informations sur tout ce qui s'était passé, il m'apprit qu'il avait senti comme un coup de massue qu'on lui aurait donné sur le bras droit et qu'en même temps il avait vu une bluette de feu s'attacher à sa chemise qui fut dans un instant réduite en cendres, sans néanmoins que le feu ait touché en quelque manière aux poignets. Le mouchoir qu'il s'était fait appliquer en arrivant sur les épaules entre la chemise et la peau s'est trouvé dans son intégrité et sans la moindre trace de brûlure; ses caleçons ont été également intacts; mais la calotte a été entièrement consumée, sans que pourtant il y ait eu un seul cheveu de la tête brûlé... Tous les symptômes de la maladie étaient ceux d'une brûlure grave; la nuit était calme et l'air ambiant très pur. On ne sentait aucune odeur d'empyreume ou de bitume dans la chambre, on n'y apercevait point de fumée; seulement la lampe, auparavant pleine d'huile, était à sec, et la mèche dans un état d'incinération. »

L'histoire incroyable que raconte le Dr Battaglia existe à peut-être une centaine d'exemplaires! Car, ainsi que je le disais, le phénomène, pour absurde qu'il paraisse, n'est pas réellement rare : un médecin écossais, cité par Michael Harrisson, rapporte qu'il entendait parler d'un cas semblable à peu près tous les quatre ans...

C'est le prototype même du fait inexpliqué (je n'ose pas dire « inexplicable »). Aucune hypothèse ne tient plus de cinq secondes, le temps de l'énoncer... On ne peut que se borner à chercher les traits communs des différentes observations :

— Il me semble, quant à moi, qu'on peut déjà les ranger en deux groupes : le « feu chaud » et le « feu froid »; dans le premier cas on trouve la personne brûlée au milieu d'une véritable fournaise, qui interdit souvent aux autres personnes d'approcher. Mais, même dans ce cas, les traces laissées par l'incendie sur les meubles sont légères et en aucun cas l'appartement ou la maison elle-même ne prennent feu.

— Dans le second cas, le plus fréquent, il s'agit de petites flammes généralement de couleur bleue, qui courent sur la peau du patient (sans enflammer *jamais* les habits); on peut les éteindre assez facilement : dans un cas cité par Harrisson, un professeur de mathématiques écossais rentre chez lui, sent une douleur au mollet et voit des petites flammes bleues qui passent à travers le tissu de son pantalon : *il les éteint en mettant les mains dessus,* ce qui prouve bien qu'elles ne devaient pas être très chaudes; de retour à la maison, il appelle le médecin qui constate des brûlures profondes, le tissu des vêtements n'étant pas affecté :

• très souvent, dans la majorité des cas à mon avis,

les témoins signalent l'absence complète d'odeur : l'odeur révoltante de la chair brûlée est tout à fait absente;

• la plupart des patients meurent, mais non pas tous, une seconde attaque peut se produire, mais rarement.

Une seconde méthode très employée par la science, malgré son caractère rudimentaire, est la recherche de l'analogie même lointaine; de tout temps les occultistes ont prétendu jouer avec le feu. De nos jours, par exemple, on peut observer couramment les « anasténarides » de Grèce qui marchent sur le feu, et ceci est très largement répandu. Plusieurs d'entre eux prennent des charbons ardents dans leurs mains sans en être affectés, et ceci est également vrai pour divers mystiques, tels qu'on le voit rapporté dans les livres d'hagiographie, et en particulier dans le livre célèbre de Thurston [1]. Mais envoyer le feu vers quelque chose ou quelqu'un est un phénomène beaucoup plus rare; on en trouve deux exemples très frappants dans la Bible, par exemple, le passage où une flamme, en présence de Moïse, sort du tabernacle de Yahvé et dévore Coré Dathan et Abiron; dans un autre passage, le « feu de Yahvé » jaillit à travers le camp et tue les Israélites infidèles; enfin, le prophète Élie défie les prêtres de Baal et appelle le feu du ciel sur l'autel qu'il a dressé : et le feu de Yahvé descend, dévore les bêtes immolées, les pierres de l'autel et jusqu'à la terre tout autour, pourtant mouillée par de nombreuses jarres d'eau que le prophète y a fait verser... Mais revenons à Charles Fort (un de ses livres a été traduit

---

1. Traduit en français aux éditions du Rocher.

en français, sous le titre *Le Livre des damnés*). Cet homme de génie, malheureusement peu connu en France, se livrait à un passe-temps singulier : il collectionnait les faits bizarres, surtout s'il pensait que cela pouvait ennuyer les savants; il les trouvait partout et spécialement dans les journaux et revues du temps. Bien évidemment, nos quotidiens ne brillent pas par le plus pur esprit scientifique, pas plus maintenant que du temps de Charles Fort : toutefois quand un journal d'Ile-de-France raconte un fait bizarre, par exemple, une combustion spontanée, et qu'on s'aperçoit qu'un journal de Nouvelle-Zélande a raconté un fait analogue six ans plus tôt, cela commence à devenir curieux; et c'étaient ces coïncidences curieuses qui intéressaient Fort.

Or, les personnes en présence de qui de multiples incendies s'allument ont été maintes fois signalées. Comme dans les cas de poltergeist ce sont en général de jeunes garçons ou de jeunes filles qui ont des problèmes affectifs. Généralement, la police les arrête, les menace, et ils avouent tout ce qu'on veut; tout le monde est content – sauf que leurs aveux sont absurdes et qu'ils n'ont matériellement pas pu mettre le feu comme ils prétendent l'avoir fait, pour que les gendarmes les laissent tranquilles.

Alors, je crois pouvoir terminer par une suggestion pratique : on ne peut raisonnablement étudier les combustions spontanées, dont on n'est informé qu'après coup, mais les *pyrophores,* les gens qui déclenchent le feu sont d'un accès plus facile : ils ne sont pas rares. J'en connais un cas en ce moment, dans le nord de la France.

Annexe à l'histoire des guérisseurs :
anatomie d'un « miracle »

Oui, il existe des faits totalement inexplicables, par n'importe quelle théorie (d'à présent); j'en connais au moins trois.

Le premier est ce qu'on appelle *un miracle* parce que le fait s'est passé à Lourdes dans un contexte éminemment religieux; et j'en ai été (presque) le témoin.

J'avais dix ans; dans la petite ville de Craon, en Mayenne, où résidait ma grand-mère, se trouvait une pauvre femme âgée d'environ cinquante ans (c'était très vieux, à cette époque lointaine), atteinte d'un énorme fibrome d'environ six kilos; je laisse à penser quel était son état. Elle ne s'alimentait presque plus et il lui prit un jour fantaisie d'aller à Lourdes pour demander à la Vierge de la guérir. Le médecin consulté leva les bras au ciel, puis, à la réflexion, déclara à la famille que dans l'état où elle était, si cela pouvait lui faire un dernier plaisir, après tout... mais bien entendu, il ne garantissait nullement que la malade arriverait vivante et encore moins qu'elle en reviendrait.

On la charge donc dans le train spécial, elle arrive à Lourdes sur le bord de la piscine, évanouie; ses brutes d'infirmiers la plongent dans l'eau froide (je me demande comment on permet des choses pareilles) et quand elle ressort elle était encore en vie, enfin, presque (c'est déjà un premier miracle!). On la met dans son lit et tout le monde s'attendait, bien sûr, à l'y retrouver morte.

203

Le lendemain (elle me l'a raconté elle-même, cela fait de l'effet sur un gamin de dix ans), elle se réveille en se sentant parfaitement bien, et voit cinq ou six personnes en blanc au pied de son lit (elle a failli les prendre pour des anges, mais pas encore, ou pas déjà!); c'étaient des médecins, qui la regardaient, silencieux.

— Mais qu'y a-t-il, messieurs? leur demande-t-elle ahurie. Pourquoi me regarder comme cela?

— Madame, regardez votre ventre, lui répond-on...

Il était parfaitement plat, le fibrome avait disparu...

Attention, cela ne prouve point que Dieu existe ni que la Vierge soit intervenue! Mais cela prouve par contre qu'il se passe dans notre univers des phénomènes bien singuliers et que la science, pour le moment du moins, n'arrive pas à digérer...

J'eus l'occasion bien des années plus tard, d'évoquer le « miracle » au cours d'une émission radio qu'organisait Louis Pauwels. Je m'attirai de véritables hurlements de la part de cette secte curieuse et un rien désuète, l'Union rationaliste... Enfin, m'écrivit un médecin, on m'a dit que vous aviez eu une formation médicale (exact); il est évident que la femme dont vous parlez avait une rétention d'urine : le froid de la piscine a provoqué un relâchement de la vessie, et voilà tout le secret... Tout ce que je pus répondre c'est que tous les examens avaient conclu au fibrome : pas gentil du tout, cher confrère, de supposer qu'un autre confrère ait pu confondre une rétention d'urine avec un fibrome... En tout cas j'y ai vu alors le premier symptôme d'une curieuse maladie, l'allergie à l'inexpliqué : certaines catégories d'esprits ne peuvent le supporter, cela les rend littéralement furieux. Pour moi, je ne vois rien d'antiscientifique à ranger plus ou moins provisoirement sur une étagère les faits qu'on ne comprend pas dans l'espoir qu'on les comprendra un jour : c'est ce que la science, la vraie, a toujours fait...

Mais l'histoire a une suite : je viens de rapporter mes souvenirs d'une enfance lointaine, fondés surtout sur ce que m'ont raconté Mme A. et ma grand-mère. Presque un demi-siècle plus tard, j'ai rencontré le Dr Mangiapane, directeur du bureau des constatations à Lourdes, dont les examens sont d'habitude fort critiques, et qui ne conclut que rarement à une guérison inexplicable dans l'état de la science. Ce praticien retrouva le rapport sur le cas de Mme A. qui datait de 1926 et qui, cinquante ans plus tard, était impeccablement conservé. Je crois devoir en recopier de larges extraits, en coupant toutefois des passages trop techniques. L'histoire ne s'est pas passée tout à fait comme Mme A. me l'a racontée, mais elle n'en est pas moins ahurissante :

« Mme A. a commencé en 1912 à ressentir des douleurs dans le bas-ventre à gauche, où la palpation révélait la présence d'une grosseur de la taille d'un œuf de poule. Elle a grossi sans arrêt par la suite. En 1921, elle atteint la taille d'une tête de fœtus. Le professeur M., qui la soigne, songe à l'ablation mais le mauvais état général de la malade fait écarter cette solution. En 1922, la tumeur a grossi, le médecin traitant en repérant le sommet un peu au-dessous de l'ombilic; pertes de sang fréquentes, qui deviennent journalières, les règles proprement dites ayant disparu. Deux médecins de Laval constatent la présence d'un gros fibrome saignant qu'on essaie de traiter par la radiothérapie, mais la malade n'en subit que deux séances; à partir de 1925, troubles gastriques prépondérants, sûrement à cause de la compression du fibrome sur les viscères; alimentation exclusivement liquide, et encore en très petite quantité à la fois, vomissements continuels; on lui administre du liquide par sonde intestinale et il ne passe que très lentement. Mme A. arrive à Lourdes le 20 août dans un état d'extrême faiblesse, on la conduit à la piscine le 21 sur une litière; pendant l'instant de l'immersion, elle sent que la compression disparaît dans son ventre, toute douleur a cessé, mais non la faiblesse. On la reconduit à son lit couchée sur son brancard. A seize heures, elle prend part à la procession du Saint-Sacrement. Elle souffre terriblement en attendant le passage de l'ostensoir; à ce moment, les douleurs disparaissent complètement ainsi que la sensation de faiblesse; elle a même la sensation qu'elle pourrait marcher. Elle ne dit rien, on la retransporte à l'hôpital, elle y fait quelques pas et mange un peu de pain. Le lendemain, elle retourne à la piscine et y retrouve subitement la voix qui était jusque-là si basse qu'on l'entendait à peine. On est au 22 août; elle est examinée par le Dr Petitpierre et le Dr Vallet. Le Dr Juge, chirurgien des hôpitaux de Marseille et plusieurs médecins sont là également; à l'examen de l'abdomen, le ventre est parfaitement souple, la peau étant plissée et gaufrée comme celle d'une accouchée. Ventre facilement dépressible, complètement indolore. La ceinture que portait la malade indiquant un tour de taille de 92 cm est ramenée à 72 cm. Vagin souple, aisément accessible, volume et consistance normaux, pas de dilatation du museau de tanche, corps en antéflexion légère donnant l'impression d'un utérus gravide au début plutôt que la résistance d'un utérus fibreux. Malade très amaigrie, pâle, thorax montrant de façon très apparente le gril costal, conjonctives décolorées. Cœur normal, pas de tachycardie, pouls à 72. »

Suit une discussion technique sur le diagnostic différentiel des fibromes et les erreurs de diagnostic théorique qu'on aurait pu faire; elles sont rejetées après examen critique.

Le surlendemain, 23 août, la malade suit sans aucun inconvénient le régime alimentaire de l'hôpital, et gravit très rapidement les escaliers fort raides du parvis du Rosaire.

La guérison se maintient et, de retour à Craon, la malade, qui ne l'est plus, mange normalement et reprend du poids.

Peut-on attribuer à des phénomènes psy l'étonnant pouvoir d'orientation des pigeons?

Il existe un certain nombre de problèmes qui défient les biologistes depuis des lustres, j'allais dire depuis l'origine de la biologie moderne. J'en ai cité ailleurs quelques exemples, comme le cas des orchidées qui attirent un insecte pollinisateur en fabriquant la même substance attractive que sécrète sa propre femelle (comment un accord évolutif aussi invraisemblable a-t-il pu se réaliser au cours des millions d'années?); le cas des parasites trématodes dont la femelle fabrique quinze millions d'œufs dont un seulement sur un million arrivera au stade adulte, car les jeunes larves doivent passer par deux ou trois hôtes différents avant de revenir à l'hôte d'origine (comment expliquer un tel pied de nez aux théories darwiniennes sur l'adaptation : à quoi sont donc adaptés ces parasites, qui ont pourtant gaillardement subsisté pendant une centaine de millions d'années?).

Cette liste pourrait être continuée et augmentée presque à l'infini, mais pour l'instant je voudrais seulement envisager le cas des pigeons voyageurs. Voilà le problème : *un pigeon peut revenir à son nid quand on l'en a éloigné de près d'un millier de kilomètres*, même s'il n'a aucune connaissance préalable du terrain; d'ailleurs comment un pigeon serait-il allé se promener à mille kilomètres de chez lui? De plus, expérimentalement, en utilisant de jeunes animaux d'élevage qui n'étaient jamais sortis de chez eux, on a pu vérifier cette ignorance préalable du terrain.

C'est fou, c'est dément, c'est impossible, et pourtant cela est! Il y a bien longtemps que les hommes connaissent cette capacité des pigeons voyageurs et l'utilisent à leur profit.

Quant à l'explication... Ce ne sont sûrement pas les théories qui ont manqué. Naturellement, une des premières a été celle de la boussole : les pigeons en auraient possédé une. Mais même en admettant que cela soit vrai et qu'ils aient pu distinguer, par exemple, la direction du nord, comment arriveraient-ils à calculer la déviation exacte de l'endroit où on les a transportés par rapport au nord et à la situation du nid? Et puis, des aimants placés près du cou du pigeon ou sur ses ailes n'ont pas donné beaucoup de résultats... D'une manière générale, toutes les expériences sur le champ magnétique et les pigeons, et Dieu sait si elles ont été nombreuses, donnent des résultats irréguliers tantôt très positifs, tantôt douteux ou négatifs suivant les expérimentateurs et probablement *aussi suivant le lieu* où l'on expérimente. Car chacun sait que la surface de la terre est loin d'être homogène du point de vue magnétique et qu'on trouve à certains endroits de grosses anomalies, dues, par exemple, à la présence de minerai de fer : et les pigeons y sont sensibles, on a pu le remarquer (bien que ces anomalies ne suffisent pas, au moins dans tous les cas, à leur faire perdre leur route...).

Toujours est-il qu'on trouve dans le corps et notamment la tête des pigeons de nombreuses cellules à magnétite, c'est-à-dire qu'elles contiennent de minuscules particules de fer, très sensibles au champ magnétique. On trouve ces cellules chez de très nombreux animaux et notamment chez les abeilles; certaines bactéries en possèdent même dans leur cytoplasme; l'homme n'en est pas dépourvu, spécialement au niveau de ses articulations, et c'est même la base d'une théorie par laquelle Yves Rocard explique la sensibilité particulière de sourciers à la présence de l'eau et de divers métaux. Il reste tout de même, comme le signale Gould, qu'on ne sait pas très bien à quoi servent ces cellules chez le pigeon...

Le professeur Papi de Florence et ses collaborateurs sont de fougueux partisans de la théorie de l'olfaction. Je dois dire que les arguments de Papi, exposés dans une revue très récente, m'ont impressionné par la cohérence des expériences et la clarté de l'argumentation. En deux mots, le pigeon connaîtrait la carte olfactive de l'endroit où se trouve son nid, c'est-à-dire non seulement les odeurs proches, mais celles que convoient habituellement les vents. C'est difficile à admettre parce que c'était presque un article de foi chez les biologistes que l'odorat des oiseaux tenait une place négligeable dans leur comportement. Cependant :

• si on transporte le pigeon loin de son nid dans une boîte étanche, ne lui permettant pas de reconstituer la carte olfactive des zones par où on le fait passer, il est incapable de retrouver son gîte;

• si on le prive de l'odorat, soit en anesthésiant sa muqueuse avec de la xylocaïne, soit en sectionnant les nerfs olfactifs, il ne peut plus s'orienter;

• si les pigeons sont élevés totalement à l'abri des vents, ils n'arrivent pas à s'orienter;

• si on change à l'aide de différents écrans la direction des vents en ne permettant l'accès du vent au nid que suivant certaines directions, les pigeons, lors du retour au gîte, montreront des perturbations pour revenir, justement dans la direction des vents auxquels ils ne sont pas habitués.

Si ahurissantes que soient ces conclusions, on peut dire toutefois qu'elles ne sont pas absolument sans exemple chez les animaux. Par exemple, les saumons passent les premières périodes de leur vie dans l'eau douce au fond des rivières où les mères sont venues pondre; plus tard ils descendent jusqu'à la mer et y passent plusieurs années; ils reviennent ensuite pondre exactement dans le même bras de rivière qui leur a donné naissance et on a pu prouver qu'ils se guidaient d'après le goût de l'eau. Il n'y a pas en effet deux rivières qui aient dans leurs eaux la même quantité de matière organique ou de sels minéraux, et on a pu prouver expérimentalement que dans un grand bassin, le saumon se dirige vers le robinet qui déverse l'eau de sa rivière natale, et celle-là seulement; signalons quand même que le saumon doit remonter les rivières sur plusieurs centaines de kilomètres, en conservant en mémoire la carte gustative de la zone précise où il doit aller : nous voilà assez près des performances du pigeon. Chez les insectes, d'autre part, on sait que les papillons migrateurs nord-américains qui font des migrations d'aller et de retour sur plusieurs centaines de kilomètres s'arrêtent sur certains arbres toujours les mêmes : j'ai remarqué qu'ils doivent les sentir à distance, sans doute grâce à une marque odorante qu'ils ont laissée, à plusieurs dizaines ou centaines de kilomètres.

S'ensuit-il que l'hypothèse de la carte olfactive épuise complètement le sujet? Certainement pas et Papi lui-même en convient. Il est certain que d'autres facteurs d'orientation interviennent suivant les zones et peut-être suivant les races de pigeons. Mais le problème a tout de même approché de sa solution.

Néanmoins on rapporte que chez certaines espèces d'oiseaux migrateurs, les petits de l'année partent parfois huit jours avant ou après les parents et retrouvent quand même leur gîte hivernal, à mille kilomètres de là. Je n'ai pas lu depuis longtemps d'analyse détaillée du phénomène. Si les choses se passent ainsi, voilà un cas tout à fait inexplicable, même par la télépathie (si l'on oublie toutefois l'hypothèse que les phénomènes psy se passent en dehors du temps et de l'espace...).

Les chevaux qui savent compter

Il faut que je raconte une fois de plus l'histoire extravagante des chevaux de Krall; je l'ai contée de nombreuses fois à mes élèves psychologues auxquels j'enseignais (ou tentais d'enseigner) la psychologie animale, pour leur montrer à quel point il faut se

211

défier des erreurs d'expérience. Et je crois, hélas, leur avoir dit beaucoup de sottises, auxquelles je croyais à ce moment-là; mais je n'y crois plus.

En deux mots voilà l'histoire, qui sent l'escroquerie à plein nez; un certain Krall, marchand de son état, acheta des chevaux à van Osten, qui prétendait leur avoir appris à compter : on présentait aux chevaux un panneau où on leur proposait un calcul à faire (ce qui implique qu'ils savaient lire?) et en frappant le sol de leurs sabots suivant un code convenu, ils pouvaient réaliser des calculs compliqués, par exemple, extraire des racines carrées (évidemment ce n'est pas possible, parce qu'un cheval qui saurait extraire des racines carrées n'est plus un cheval). Mais les « calculateurs » fonctionnaient même en l'absence de tout comparse, devant des étrangers dont les professeurs des universités d'alors, que les fameux chevaux firent accourir de tous les points de l'Europe. Puis Pfungst proposa une explication; les chevaux n'étaient pas réellement isolés du point de vue sensoriel : les expérimentateurs, *qui connaissaient le résultat du calcul,* se dissimulaient simplement derrière une cloison, en regardant, à travers un judas, le cheval, tout près d'eux; et, à mesure que les coups de sabot approchaient du résultat voulu (et qu'ils connaissaient, je le répète) ils retenaient inconsciemment leur respiration : le cheval, dont l'ouïe est très fine, devait simplement cesser de frapper du sabot quand il ne les entendait plus respirer; et voilà le mystère résolu.

L'ennui, c'est que *l'explication est complètement fausse* et je rougis de l'avoir proposée telle quelle à mes élèves pendant vingt ans. Scott Rogo, dans un livre récent, a repris l'histoire des chevaux de Krall, en remontant aux sources, ce que je n'avais pas fait.

Les influences du type psy sont-elles universelles?

La véritable histoire est assez différente; il est vrai que Pfungst visita les chevaux et en particulier le fameux *kluge Hans* (Hans le malin) lorsque van Osten s'en occupait encore, et qu'il décela ou crut déceler des possibilités de repérage sensoriel, telels que celles auxquelles j'ai fait allusion; van Osten en proie à la risée de tous mourut discrédité. C'est alors que Krall racheta ses chevaux et notamment le fameux Hans. Mais ce qu'on ne dit pas, ce qu'on ne dit jamais, parce que personne, moi y compris, n'est remonté aux documents originaux, c'est que Krall connaissait parfaitement les travaux de Pfungst; dans les nouvelles expériences qu'il entreprit, tout son travail consista à essayer justement d'éliminer ces stimuli : par exemple, il travailla avec un cheval aveugle, et avec un autre dont on avait bandé les yeux en indiquant le problème au cheval par voie auditive. Allant plus loin encore en présence de Claparède, le célèbre psychologue de l'uiniversité de Genève, et du Dr Besredka, de l'institut Pasteur de Paris, on fixa des écouteurs sur les oreilles du cheval et les expérimentateurs, dans une pièce close où ils ne pouvaient voir l'animal ni ses réactions lui posèrent leurs problèmes mathématiques; les observateurs qui n'avaient pas connaissance du problème se bornaient à compter les coups de sabot. Le résultat fut tout aussi bon que dans les tests plus simples; par conséquent le recours aux stimuli sensoriels expédiés inconsciemment par l'expérimentateur ne peut plus guère être invoqué. Une autre forme du problème (qui m'a été rappelé par un médecin très âgé, le Dr Mackenzie, qui en avait été le témoin oculaire) consistait à écrire des problèmes sur des panneaux, à mélanger les panneaux et à les présenter au cheval sans que l'observateur puisse les voir.

Que conclure de ces faits extraordinaires : je tiens dur comme fer à ma première position, à savoir qu'un cheval qui effectue des calculs aussi compliqués n'est plus un cheval (rappelons d'ailleurs que kluge Hans, en dehors des tests, se comportait en tout comme un honnête cheval allemand); il ne reste qu'une explication : la télépathie. Mais à un degré de précision ahurissant, alors que d'habitude, les informations recueillies par télépathie sont des plus vagues. Le cerveau du cheval pompait les réponses dans le cerveau des assistants (présents ou absents) comme s'il manipulait les touches d'un ordinateur.

Plantes et connaissance paranormale

Il existe dans la connaissance souvent profonde, que les primitifs ont des plantes, un mystère opaque. Comment ont-ils appris tout ce qu'ils savent? Par exemple, la civilisation paysanne française est morte ou à peu près sauf dans des régions très isolées. Mais encore maintenant, il n'est pas difficile de constater que les fermières connaissent toutes les plantes abortives : par exemple, dans les environs de Paris, elles utilisent l'armoise, herbe aromatique qui envahit souvent les champs mal tenus et dont le parfum n'est guère agréable. Or il est bien vrai que c'est un emménagogue (substance qui facilite l'arrivée des règles). Mais en forçant un peu la dose, c'est un abortif : toutes les paysannes le savaient. Ailleurs, on connaît bien une plante anaphrodisiaque pour l'homme : nos pères disaient qu'elle « nouait les aiguillettes »; en vieux gaulois, cela veut dire que ce n'était pas la peine de déboucler les lacets, ou aiguillettes, qui maintenaient fermée la braguette : on ne pouvait plus rien faire. Cette plante c'est le nénuphar, qui est d'ailleurs toxique et que les sorciers préparaient pourvu qu'on les payât bien, en jurant de se montrer discret : la plaisanterie n'était pas du tout appréciée des intéressés auxquels on la faisait... Or il n'y a pas l'ombre de l'ombre d'une raison pour que l'armoise d'une part et le nénuphar de l'autre portent « une signature » quelconque qui fasse deviner leurs bienfaits, ou leurs méfaits... Bien qu'à vrai dire, il est à la rigueur possible qu'une femme ayant mâché des armoises (mais pourquoi diable l'aurait-elle fait? en temps de famine peut-être, où on mangeait n'importe quoi), se soit aperçue de quelque chose; dirai-je qu'en temps de famine un homme ayant mangé des nénuphars en avait constaté les suites fâcheuses? Il n'en aurait guère eu le temps, le nénuphar est toxique pour le cœur... Il en est de même pour l'armoise, d'ailleurs, qui n'est pas dépourvue de toxicité... Alors?

Encore s'agit-il dans les deux cas que je viens de citer d'effets sinon immédiats, tout au moins rapides. Mais j'ai d'autres cas plus bizarres : par exemple, au XIXᵉ siècle encore les sorciers fabriquaient un élixir de longue vie à destination des riches; les pauvres mouraient trop vite en général pour atteindre la vieillesse; et la drogue avait un effet puissant : c'était tout simplement une bouillie confectionnée avec les baies du cassis, au goût et à l'odeur épouvantables. Il fallait en manger le plus possible, et après les riches bourgeois quelque peu sénescents (on l'était à quarante-cinq ans) se sentaient beaucoup mieux.

Je le crois bien! le régime de ces privilégiés du sort était tout bonnement démentiel; un repas ne comportait guère moins de dix plats à peu près exclusivement composés de viandes diverses et de pâtisseries, le tout extrêmement cuit; les crudités étaient à peu près inconnues : dont le mangeur se trouvait rapidement en état de carence ascorbique, puisque la vitamine C ou acide ascorbique ne se trouve en abondance que dans les crudités et ne résiste pas du tout à la cuisson; or le cassis est une source très riche d'acide ascorbique et qui plus est, sous une forme stable, au contraire de toutes les autres formes. Ce n'est point l'élixir de longue vie, bien sûr : mais qui a bien pu souffler cette recette au sorcier?

Il y a plus fort : en Éthiopie, quand un Galla a reçu un coup de lance dans le ventre (incident tout à fait banal) il va voir le sorcier en marchant plusieurs kilomètres parfois, tout en essayant de contenir ses entrailles. Le sorcier alors sacrifie une chèvre et s'enveloppe les mains de son péritoine (qui lui a enseigné qu'il s'était ainsi confectionné des gants stériles?). Il nettoie la plaie et la recoud avec des fourmis qui mordent les deux lèvres de la blessure et les rapprochent ainsi; il arrache alors le corps et les têtes restent fixées (qui lui a dit que la salive des fourmis était antibiotique?). Et le Galla s'en va tout content; on dit même qu'il survit (parfois...).

J'ai gardé le plus beau pour la fin, un fait parfaitement inexplicable. Quand les Indiens de Californie allaient exécuter une expédition de chasse et de guerre, ils restaient parfois plusieurs mois absents du campement; et ils emmenaient des femmes. Mais il ne s'agissait pas qu'elles deviennent enceintes : elles n'auraient pu supporter les marches interminables des guerriers. Alors elles mâchaient une petite plante, le grémil *(Lithospermum ruderale)* et elles ne concevaient pas d'enfant. De retour au camp, elles cessaient d'en manger et très peu de temps après tout le monde était enceint, si j'ose m'exprimer ainsi. On a isolé du grémil trois substances qui agissent sur l'hypophyse et par son entremise empêchent la nidation de l'œuf dans la paroi de l'utérus. C'est un anticonceptionnel utilisé sans doute depuis mille ans et probablement tout à fait inoffensif.

Le problème est que lorsqu'une Indienne mâche le grémil, il ne se passe rien; *ce n'est qu'à long terme qu'elle peut s'apercevoir qu'elle est stérile momentanément.* Mais cela exige une véritable expérimentation, tout à fait hors de portée des Indiens de ce temps-là.

On comprend parfaitement qu'un sorcier voyant un enfant absorber une plante toxique et en mourir, note le fait sur ses tablettes au cas où il pourrait avoir à se débarrasser d'un gêneur; mais ici, l'observation et la conclusion sont faciles; dans le cas qui nous occupe *elles sont impossibles.*

Il n'y a que deux hypothèses, aussi peu solides l'une que l'autre : la première, c'est celle d'une très ancienne civilisation, qui aurait été très loin en pharmacologie, par exemple, et dont des bribes de savoir resteraient dans la mémoire des hommes; la seconde, et là nous rejoignons Paracelse par un détour, c'est une sorte de sixième sens qui avertirait des individus doués de l'utilité de certaines plantes : une sorte de télépathie homme-plante si l'on veut, ce dont nous n'avons pas non plus la moindre preuve; or, je sais que les exemples de « savoir inexplicable » sont multiples, je devrais dire innombrables. Il existe même au Muséum un laboratoire d'ethnobotanique et d'ethnozoologie qui regroupe toutes ces anciennes traditions. Il n'a pas

217

l'importance qu'il mérite et qui voudrait fouiller dans ses documents y trouverait sans doute des trésors...

Une grande civilisation perdue?

Le thème de la grande civilisation perdue hante les ésotérismes de tout poil, mais il est plus ancien qu'eux tous : tous les hommes, toujours, se sont transmis des traditions suivant lesquelles jadis était beaucoup mieux qu'à présent, les hommes y étaient plus sages et plus heureux. Et (aussi sans exception) ils entretenaient des rapports familiers avec les dieux ou le Dieu unique dans le cas d'Israël... Or, ils connaissaient depuis l'aube des civilisations les peuplades plus ou moins sauvages qui entouraient les premières villes, et il ne leur est jamais, *jamais,* venu à l'esprit qu'eux-mêmes avaient commencé comme cela et qu'ils s'étaient peu à peu élevés vers la civilisation. Pour nous autres modernes, c'était une conclusion presque immédiate; mais l'homme ancien *a cru toujours exactement l'inverse.* C'est sous une certaine forme, l'histoire du Paradis terrestre. Il n'y a guère, je crois, que du côté des mythes aztèques et mayas que la création est un processus laborieux, traversé de multiples catastrophes.

Que peut dire l'homme de science de tout cela? S'il est impartial et sans préjugé, la généralité des traditions lui paraîtra bizarre. Il pensera que si vraiment une grande civilisation avait existé il en resterait des traces : *et c'est là que la plupart des scientifiques s'arrêtent.*

J'irai plus loin; je ferai observer que la proportion de la surface de la terre qui a été fouillée par les archéologues est de 1 % : c'est-à-dire que le sous-sol archéologique de la terre est pratiquement inexploré. Ensuite, et nous en avons des traces dans les mythes anciens, il a pu exister de vastes migrations à partir de régions maintenant désertiques et inhospitalières; par exemple, les Aryas semblent venir de Sibérie, et même si on en croit certaines traditions, d'une région où ils connaissaient la nuit polaire (d'où le culte enthousiaste voué à Ushas, l'aurore). Si cela est vrai quelle est la portion de la Sibérie que nous connaissons bien du point de vue archéologique? *Elle est infime,* évidemment, surtout si l'on réfléchit que la surface de la Sibérie est égale à celle de la Lune [1]!

Secondement, des cataclysmes ont pu ensevelir tout ou partie des sites intéressants, sans compter les invasions des barbares, et surtout en admettant, ce qui est évident que si grande civilisation il y avait, elle ne pouvait être implantée que sur des sites très restreints : s'il en était autrement, si elle avait couvert de vastes espaces, « ça se saurait » comme dit le bon sens populaire.

Enfin, si nous rencontrions des vestiges d'une très ancienne civilisation techniquement très avancée, les reconnaîtrions-nous? Quel est l'archéologue, dit le célèbre auteur de science-fiction Arthur Clarke, qui pourrait reconnaître un transistor miniaturisé dans le chaton d'une bague achéménide? D'ailleurs les

---

1. Si j'en crois de récents résultats concernant l'exploration photographique par satellite des forêts du Yucatán le nombre de sites mayas non explorés serait de dix fois supérieur à celui qu'on connaît et qu'on a fouillés déjà. Si cela est vrai, on pourrait peut-être avancer que notre connaissance des Mayas est bien proche de zéro...

objets énigmatiques dont on n'a jamais deviné l'usage
ne sont pas rares dans nos musées. Et enfin, pour
trouver des vestiges de techniques très avancées, il
faudrait y croire un peu, *et donc les chercher*
(ce qui serait pour tout jeune archéologue, la fin de
sa carrière). La question n'avance donc pas vite
pour des raisons dont je viens d'énumérer quelques-
unes.

Cela étant dit, disposons-nous tout de même d'indices qui nous permettent d'envisager sérieusement
l'hypothèse de la Grande Civilisation perdue?

Je crois que oui, et j'en citerai deux :

– le premier est l'histoire de la « connaissance anor-
male » des plantes médicinales, dont j'ai parlé ailleurs;

– le second est *l'existence des anciens portulans*. Il
y a peu d'années, Hapgood, professeur américain de
géographie, s'est intéressé aux anciens portulans,
autrement dit aux cartes marines que tout le monde
négligeait, car elles paraissaient pleines d'erreurs grossières. Hapgood s'aperçut que ce qu'on appelait
« erreurs » était tout simplement l'usage d'une projection géographique différente de la nôtre, qui est également grossièrement erronée, mais nous y sommes
habitués [1].

Il eut la patience de transcrire, aidé par ses élèves,
quelques vieilles cartes qui lui paraissaient étranges,

---

1. Le problème est de projeter la surface d'une sphère sur une
carte plate : vous pouvez essayer, c'est impossible, à moins de se
résigner à différentes conventions. La convention que nous utilisons
est la projection de Mercator, qui a le défaut de privilégier
énormément l'hémisphère Nord : par exemple, vous y verrez que
le Groenland est plus grand que l'Australie; si vous consultez le
planisphère, vous constaterez que c'est l'inverse qui est vrai.

dans les coordonnées qui nous sont familières. Et c'est là qu'une vérité aveuglante lui apparut : *les vieux cartographes disposaient de connaissances qu'ils n'avaient pas le droit d'avoir.* Passons sur la carte de Piri Reis, la plus connue, dont une copie au moins aurait été en possession de Christophe Colomb et sur laquelle apparaissaient très clairement les côtes d'Amérique. La carte d'Orontaeus Finneus est plus stupéfiante encore : elle représente très clairement (au XIIIe siècle) les côtes du pôle Sud, mais en partie dégagées de glaces, ce qui s'est bien produit... il y a vingt mille ans. Quant à la carte d'Ibn ben Zara, elle montre le Groenland divisé en deux îles et on ne le sait que depuis l'époque moderne, car l'énorme chape de glace qui le recouvre interdisait tout relevé autre que par sondages sismiques.

Le livre d'Hapgood (édition française aux Éditions du Rocher) se lit comme un roman. Ce n'est point une seule carte qui pose des problèmes affolants, il en existe des malles entières, que personne n'a regardées depuis des siècles. Pourtant, comme le dit Hapgood, il fallait bien qu'elles fussent précises : car si un cartographe de la terre peut se tromper, l'erreur sur des cartes marines aboutira presque obligatoirement à une issue fatale pour le navigateur...

Que conclure? Rien de précis bien entendu; mais, encore une fois, nous disposons de deux indices qui appuient l'hypothèse de la Grande Civilisation perdue. Et si nous cherchions plus avant?

Comment interpréter l'orchidée et la guêpe?

Dans cette nature qui nous environne, réside un profond mystère... Je veux parler de l'adaptation si étrange entre animaux, ou entre animaux et plantes la plupart du temps pour le bénéfice des deux... En voici quelques exemples, qui pourront nourrir la discussion.

Ma taquinerie favorite est l'histoire de l'orchidée; je la sers obligatoirement à tous ceux qui prétendent parmi les biologistes avoir tout compris, et résoudre les problèmes ennuyeux en invoquant les mânes de saint Darwin.

Quand l'orchidée est en fleur, elle doit, comme toutes les fleurs, former des graines, mais elle ne le peut sans une aide extérieure. En effet toute graine procède de la rencontre de l'élément mâle de la plante, le pollen, avec l'élément femelle, l'ovule. L'élément mâle est cette poussière jaune que rejettent, par exemple, les chatons du noisetier quand on les heurte; il est porté par les étamines, ces petits filaments renflés au sommet que l'on trouve à l'intérieur des fleurs. L'élément femelle est caché au centre de la fleur et il porte un prolongement, le pistil, avec lequel le pollen doit entrer en contact pour féconder l'ovule.

Mais chez les orchidées c'est impossible, car le pollen est agglutiné en masses compactes, trop loin du pistil pour que s'opère la fécondation; des difficultés diverses surviennent à ce propos chez les plantes; par exemple, il en existe qui ne peuvent être fécondées par leur propre pollen : il leur faut le pollen d'un autre individu de la même espèce. La nature a résolu le problème à l'aide des insectes pollinisateurs, comme les abeilles; celles-ci sont attirées par le nectar, ce liquide sucré que fabriquent des glandes à la base de la fleur et qui constituera le miel, quand les abeilles l'auront concentré. Mais le pollen les intéresse aussi, puisqu'il constitue leur unique source d'azote : c'est la viande des abeilles en quelque sorte. Il va sans dire qu'au cours de leurs évolutions dans la fleur, les abeilles entraînent fatalement le pollen sur le pistil et c'est ainsi que 66 % des pommes que nous mangeons sont dues aux abeilles.

Mais l'orchidée ne saurait emprunter le procédé *puisqu'elle ne fabrique pas de nectar,* ce pourquoi les abeilles la délaissent. Alors, elle s'y prend autrement. Avant de poursuivre, et pour que vous ne me preniez pas pour un fou, je vous avertis que les faits ahurissants que je vais rapporter ne sont pas des hypothèses, mais des phénomènes mille fois observés, admis par toute la communauté scientifique.

Or donc, il existe une guêpe solitaire (elles ne vivent pas toutes en groupe : il y a beaucoup de guêpes et même d'abeilles solitaires), un *Gorytes,* dont les mâles naissent un mois avant les femelles. Et le mâle voudrait bien se marier mais comment faire? Voici une odeur délicieuse qui atteint ses antennes et son instinct lui dit que c'est celle de sa femelle. Guidé par l'odeur, il va arriver jusqu'à l'orchidée *car c'est la fleur qui fabrique la substance odorante, non pas une substance voisine de l'odeur de la femelle, mais la même exactement* comme Kullenberg l'a démontré. Elle porte de plus sur ses pétales un dessin noir assez grossier qui de loin, pour l'œil humain, ressemble beaucoup à un insecte posé sur la corolle; l'illusion est meilleure encore pour le Gorytes, qui est très myope : et puis au diable! quand on est un Gorytes affamé de copulation, on n'y regarde pas de si près... La guêpe s'abat donc sur la fleur, y enfonce ses pièces génitales et commence à se trémousser, jusqu'à l'éjaculation. Bien entendu, au cours de toute cette agitation elle a détaché les masses polliniques qui viennent se coller sur le pistil et ainsi l'orchidée aura des graines...

Mais que faire s'il n'y a pas de Gorytes? Tout n'est pas perdu pour cela! Il existe une abeille solitaire dont le mâle lui aussi voudrait bien se marier mais toutes les femelles le repoussent parce qu'il n'est pas parfumé. Or quelque chose lui dit qu'au fond de l'orchidée repose la solution de son problème. Il s'y précipite et gratte le fond de la corolle qui laisse échapper une sécrétion huileuse parfumée qui s'introduit par capillarité dans des gouttières préfabriquées qu'il a sur les tibias (je répète qu'il s'agit d'observations et non d'hypothèses). Ainsi parfumé, il s'en va parader devant les femelles qui l'acceptent de la meilleure grâce du monde... Tout le monde a compris qu'au cours de ses évolutions dans la fleur, il a aussi détaché les masses polliniques et les a collées au pistil... Et s'il n'y a pas de Gorytes et pas d'abeilles non plus? Mon savant ami le professeur Pelt m'a expliqué que ce n'était pas la fin de l'histoire. La fleur de l'orchidée est très résistante, mais elle finit par se flétrir. A ce moment le pistil entre en contact avec les étamines, et l'orchidée arrivera tout de même à fabriquer ses graines. Ainsi donc cette mécanique abracadabrante que je viens d'évoquer n'était, à la rigueur, pas nécessaire.

L'histoire de l'orchidée (la dernière plante parue dans l'évolution, la plus récente, et comme par hasard, la plus compliquée), cette histoire a une portée philosophique, quant au sens de l'Évolution; j'y reviendrai.

Mais je voudrais citer quelques autres exemples. Je me trouvais à Altenberg devant le grand aquarium de mon ami Konrad Lorenz et nous regardions le manège du poisson Amphiprion; il a choisi comme gîte l'endroit le plus inhospitalier qui soit, à savoir le calice d'une anémone de mer, qui tue de son venin et dévore tous les petits poissons qui passent à proximité. Mais elle ne fait rien à l'Amphiprion qui se précipite dedans à la moindre alerte. Lorsqu'on distribue de la nourriture dans l'aquarium, si les morceaux sont petits l'Amphiprion les gobe; s'ils sont gros, il va les porter à l'anémone, qui les dévore. On sait même comment le poisson arrive à se faire accepter par l'ogresse; lorsqu'il est encore jeune, il se frotte doucement contre le pied de l'anémone et se recouvre ainsi du mucus qu'elle sécrète : après quoi il plonge dans le calice mortel, qui ne l'attaque pas, car l'anémone le confond avec une partie d'elle-même... Si on joue au poisson le mauvais tour de le brosser, il va plonger néanmoins dans l'anémone, qui ne le reconnaît plus en l'absence de mucus et le tue immédiatement. Mon ami Lorenz était darwinien (il faut bien pardonner quelques défauts aux grands hommes) et il interprétait la chose de la manière suivante : dans les récifs coralliens où vivent les anémones et les Amphiprions, toutes les niches écologiques sont occupées par une population surabondante; l'Amphiprion a donc été forcé de rechercher le gîte le plus improbable qui était le seul disponible. A quoi j'ai répondu : mais qu'est-ce qui l'empêchait d'aller plutôt dans le vaste océan, où il reste beaucoup de places vides? Nous restâmes sur nos positions, et je tiens toujours qu'à ce propos aussi bien qu'en d'autres cas, l'explication darwinienne est purement verbale...

Et un exemple encore plus étrange que les autres : *le mimétisme.* On désigne par là le fait que certaines espèces en copient certaines autres même fort éloignées d'elles. Les plus beaux exemples se rencontrent chez les papillons et sont assez précis pour tromper les entomologistes les plus expérimentés. La ressemblance des couleurs et des formes est en effet hallucinante. Darwin crut en trouver l'explication dans le fait que beaucoup d'espèces imitées sont immangeables pour les oiseaux : si on les réduit en bouillie et qu'on les enfourne dans le bec d'un oiseau, il recrache la boulette et se frotte le bec contre le support (c'est le signe classique du dégoût chez l'oiseau). Les oiseaux qui ont gobé ne serait-ce qu'une seule fois, quand ils étaient jeunes, un de ces papillons, le recrachent et ne l'attaqueront plus jamais; or, disent les darwiniens il n'est pas interdit de supposer qu'une espèce ayant quelque peu imité une autre espèce non mangeable s'en est trouvée protégée et que peu à peu l'imitation est devenue de plus en plus parfaite puisqu'elle apportait des dividendes non négligeables; magnifique exemple d'explication classique très séduisante et totalement invérifiable. Mais les efforts de vérification sont d'ailleurs inutiles en ce qui nous occupe, car le savant lépidoptériste Bernardi fait remarquer un fait qu'on tait pudiquement, *c'est que des espèces parfaitement mangeables sont elles aussi parfaitement imitées!*

Et j'ai un autre exemple allant dans le même sens à propos de l'*homochromie :* c'est le fait que certains animaux imitent à s'y méprendre le substrat sur lequel ils se posent, au point de devenir tout à fait invisibles. Les exemples sont innombrables, notamment chez les insectes, mais je ne prendrai que le cas du papillon feuille morte, le Kallima. Lorsqu'il replie les ailes, il disparaît! car leur face inférieure non seulement a la couleur d'une feuille morte, mais encore elle en montre les nervures, les petites taches qui signent l'attaque des feuilles mortes par certains champignons (l'imitation est si bonne qu'on a pu déterminer quelle était l'espèce du champignon ainsi imitée par des écailles de papillon); les découpes irrégulières du bord des feuilles sont aussi imitées; sans oublier même les petites plages transparentes qui sont causées chez les feuilles mortes par la destruction partielle par une bactérie de la matière foliaire : il ne subsiste plus alors que la membrane, toutes les cellules ayant disparu... Or, il est à peine besoin de signaler qu'une imitation même imparfaite suffit très bien, car la véritable protection *c'est l'immobilité* assortie d'une imitation même grossière du substrat.

Je pourrais continuer indéfiniment comme cela, car les cas d'homochromie et de mimétisme fourmillent littéralement... On dirait que la nature s'amuse à se copier elle-même, pour rien, pour le divertissement, pour l'amour de l'art peut-être... Mais, au fait, le sens esthétique de l'homme le pousse, dès qu'il sort de l'animalité, à dessiner sur les parois des cavernes, ce sens esthétique est peut-être en germe dans la nature?

La nature immense, bouillonnante et mystérieuse, qui nous environne et dont nous faisons partie a son secret, son dessein, un projet, car il n'y a pas moyen d'expliquer autrement les combinaisons incroyables d'événements que je viens de décrire. Ce projet, les darwiniens ont cru en trouver le sens en attribuant à la sélection naturelle le pouvoir de guider les formes vivantes vers une adaptation toujours plus parfaite au milieu : mais lorsque la nature a mis au point un mécanisme qui marche très bien, comme la reproduction chez le noisetier, elle n'hésite pas pourtant à inventer l'orchidée; et qui dira qu'elle est mieux ou

227

plus mal adaptée que le noisetier? Les créationnistes ont tout attribué à la sagesse infinie du Dieu Créateur, et nous convient à L'admirer dans ses œuvres : eux aussi croient saisir ce qu'Il a voulu faire, ils ont *autant d'orgueil que les darwiniens, ils veulent tout comprendre dès le début par une audacieuse hypothèse.*

Quant à moi, je serai plus modeste; le mystère m'étrangle souvent; oui, *il y a un projet, mais je ne sais pas lequel;* oui, la présence d'une intelligence est incontestable dans la nature, mais je ne vois pas bien ce qu'elle veut : je crois simplement qu'avec beaucoup d'efforts nous arriverons à le deviner. Mais je ne suppose pas le problème résolu, je ne mets pas la charrue avant les bœufs.

Ce sentiment du mystère, c'est lui qui me pousse à m'intéresser à tous les faits prétendus marginaux, aux anomalies de la science, à tout ce qu'on rejette trop rapidement du domaine classique des Universités. Tous ces faits marginaux, si on en réussit la synthèse, ils nous aideront peut-être un jour à comprendre l'orchidée...

Les canaux vers l'autre monde

Bien que cet ouvrage soit surtout consacré aux expériences de laboratoire ou tout au moins au type d'investigations qu'effectuent habituellement les scientifiques, je ne puis feindre d'ignorer la foule énorme des données singulières qui sollicitent, jusqu'à présent en vain, l'intérêt des scientifiques. Mais elles sont plus maudites encore que la parapsychologie classique.

Il s'agit du spiritisme et de ses dérivés. Signalons d'abord l'extension du phénomène spirite : elle est immense; de véritables religions se sont fondées au Brésil sur les communications avec l'autre monde. Un nombre fantastique de personnes consultent les voyants dont certains sont de méprisables canailles ou des fous notoires; je ne dirai pas toutefois qu'on ne trouve jamais parmi eux des personnalités capables de performances singulières : j'en ai rencontré au moins trois. Il est facile de les reconnaître : ils sont modestes, ne font aucune publicité et la plupart du temps n'essaient pas de monnayer leur don.

Généralement les personnes qui vont consulter les voyants sont fort inquiètes et parfois dans un terrible état dépressif; très souvent la médecine n'a rien pu faire pour eux, alors que les consultations non orthodoxes leur paraissent plus efficaces. Aucune discussion scientifique n'a de prise sur eux, d'autant plus qu'ils ont eu souvent l'occasion de se heurter à l'étroitesse d'esprit et au fanatisme des hommes de science lorsque par hasard on les interroge sur ces matières. Très souvent les médiums se prétendent en relation soit avec des extraterrestres soit avec les âmes des morts.

Ce type de phénomène intéressa vivement la fameuse British Society for Psychical Research à ses débuts. De très nombreuses monographies virent le jour dont certaines restées célèbres à juste titre. Et puis l'intérêt se déplaça vers les phénomènes aisément productibles au laboratoire, dans une ambiance fort éloignée justement de celle où surviennent les manifestations spirites. Et Rhine triompha pour quarante ans...

D'autres que moi ont écrit l'histoire agitée de ces manifestations et je n'y reviendrai pas. Je voudrais seulement en dégager les caractères généraux. Et puisque tous les spirites ou apparentés croient à l'existence d'un autre monde, comment leur apparaît-il?

Je ne crois pas déformer le message spirite en répondant que les analogies avec le monde du rêve sont évidentes. Les « entités désincarnées » ou présumées telles n'ont pas de corps mais semblent pouvoir se déplacer partout « à la vitesse de la pensée » sans connaître aucun obstacle matériel. Bien qu'elles n'aient point de corps, elles ont des perceptions mais surtout visuelles : les messages qui font allusion à des bruits sont très rares; et il n'en est aucun qui évoque des perceptions olfactives ou tactiles. Elles nous voient très distinctement et nous font part de leur étonnement quand elles s'aperçoivent que nous ne les voyons pas.

J'ai eu l'occasion, avec Aimé Michel, d'étudier une jeune médium belge qui « incorporait » un rédacteur

très connu, récemment décédé, du *Canard enchaîné* (!).
Il nous raconta par le truchement de l'écriture automatique des choses assez intéressantes et puis nous
eûmes l'idée de lui faire faire la « botanique » et la
« zoologie » du milieu où il se trouvait. Nous eûmes
beaucoup de peine à le convaincre; nos questions
semblaient l'agacer. On eût dit qu'il n'avait jamais
pensé à cela, mais malheureusement nous ne pûmes
pousser plus loin : il semblait connaître des plantes et
même des animaux assez semblables à ceux de la
terre. Nous lui demandâmes s'il y avait avec lui des
morts d'autres planètes : réponse affirmative. Semblables à nous? Réponse très vague. Était-il heureux?
Il était inquiet : il savait qu'il accomplissait un stage
et qu'il devait partir bien plus loin vers Dieu, en
craignant beaucoup de ne pas y arriver (ce rédacteur,
de son vivant, était parfaitement agnostique). Comme
je viens de le dire, nous n'avons pu pousser assez loin
cette étude, qui n'a été réalisée que très rarement. La
plupart des spirites se contentent des sermons édifiants
du médium, sans aucun intérêt théologique ou philosophique.

Le manque d'intérêt des messages

C'est là justement le point faible des messages
spirites; leur extrême pauvreté... Ces gens de l'au-
delà, il semble qu'ils n'aient presque rien à nous dire,
tout au moins rien qui ne figure déjà dans les grandes
religions. Ils partagent encore nos joies et nos tristesses
sans nous apprendre grand-chose sur ce monde-ci ni
sur l'autre ou les autres. Cela provient peut-être après
tout de ce que nous ne leur posons pas les bonnes

questions? Mais pourquoi semblent-ils se dérober lorsque les interrogateurs deviennent trop précis?

Toutefois, il serait excessif d'affirmer que jamais rien d'intéressant ne surnage parmi le flot sirupeux des communications spirites. Au contraire, on connaît des cas où des renseignements très précis furent donnés par l'écriture automatique; la jeune Belge dont j'ai parlé nous donna tout à coup, toujours par l'écriture automatique, un message d'un certain moine, qui précisa le nom et l'adresse de son couvent, ainsi que la date de sa mort; et nous nous empressâmes d'aller voir le supérieur aux fins de vérification. Il nous reçut assez froidement et nous confia, non sans multiples réticences, que ce moine avait bien fait partie du couvent, qu'il était mort à la date indiquée, mais qu'il était mal vu à cause de son intérêt pour les sciences occultes.

On pensera peut-être qu'après un aussi bon début, le message du moine devait être palpitant : non, hélas, sans beaucoup plus d'intérêt que les autres.

Donc l'écriture automatique ou n'importe quel autre procédé spirite donne lieu assez fréquemment à des transmissions étonnantes, qui semblent venir de personnes décédées.

Je dis « qui semblent venir » parce que ce n'est pas une conclusion obligatoire. Myers a écrit un livre fort étonnant sur les « fantômes de vivants » : un jour, un message révèle l'existence d'un défunt avec son adresse précise; on va vérifier, le message était bien exact, à ceci près que l'homme en question était vivant, ne s'occupait pas de spiritisme : rien n'égala sa stupeur quand les enquêteurs lui révélèrent l'objet de leur visite.

On voit donc que si les phénomènes télépathiques

existent, il devient très difficile de faire la preuve que les messages spirites viennent effectivement des défunts. On trouve cependant un grand nombre de cas où il devient difficile d'attribuer les messages à un « pompage » inconscient d'un cerveau vivant, qui aurait connu le défunt. Par exemple, les cas bien attestés où le défunt révèle des détails qui n'étaient connus que de lui, comme l'endroit où se trouve un testament dont on avait en vain cherché la trace. J'entends bien que ce n'est pas une preuve absolue, la cachette aurait pu être découverte par clairvoyance et attribuée secondairement à un défunt.

Les dangers

Quoi qu'il en soit il faut souligner que ces pratiques, et spécialement l'écriture automatique, sont *dangereuses*. Rien n'égale la stupeur du sujet un peu trop naïf qui laisse, suivant la consigne, sa main armée d'un crayon errer sur le papier et qui la voit tout à coup écrire à toute vitesse des messages (couvrant parfois *plusieurs centaines* de pages) d'une écriture qui n'est pas la sienne. La conclusion est presque obligée : on est en contact avec une autre entité, défunt ou extraterrestre – les adeptes du « channeling » préférant cette dernière hypothèse. Le sujet, sidéré, consacre de plus en plus de temps à ce fascinant exercice. L'entité lui donne des conseils : on le prépare pour une grande mission; on décrit sous un jour enchanteur l'autre monde où il aura accès dans peu de temps; et quand il demande où est la porte de cet autre monde ravissant, une seule réponse : c'est la mort, qu'il ne faut pas craindre. On a affaire alors à une véritable obsession qui finit par le suicide.

Et je ne suis toujours pas absolument convaincu qu'il s'agisse, même ici, d'une communication avec quelqu'un d'autre. Il me semble que le déclenchement banal d'une obsession peut rendre compte de beaucoup de ces phénomènes. Mais non pas de tous; on dirait parfois à la lecture des messages qu'une puissance mauvaise est à l'œuvre, qui ne veut pas le bien du sujet : et l'on s'explique les malédictions de l'Église (au temps où elle croyait aux anges et aux démons) et l'interdiction constante de ces pratiques.

L'autre monde des spirites et des religions

Il faut remarquer d'ailleurs que l'autre monde des spirites ressemble assez souvent plutôt aux Hadès des Grecs, séjour assez misérable hanté des ombres vaines des morts, qu'au paradis chrétien. Les gens n'y paraissent pas toujours jouir d'un bonheur sans mélange. Mais une indication très intéressante des messages donne à penser qu'ils sont là en transit, qu'ils attendent autre chose, un autre passage vers un état supérieur, vers Dieu peut-être. Et les nombreuses observations au seuil de la mort, rapportées par ceux qui sont revenus d'un état comateux très grave, nous donnent l'image d'un autre monde tout différent : une lumière suprême, un amour impersonnel et infini.

Fraude? tricherie? illusion?
ou bien réalité digne d'intérêt?

Hélas! je ne crois pas pouvoir échapper à la question préalable sur la réalité des phénomènes dits « parapsychologiques ». Tout le monde connaît les discussions souvent très violentes autour de ce sujet brûlant entre tous. Est-il possible de faire le point?

Le lecteur se tromperait beaucoup s'il croyait qu'une discussion réellement scientifique est facile. Il y a trop de passion des deux côtés, et je vais essayer de démêler justement pourquoi tant de colère agite les interlocuteurs à peu près dans tous les cas.

D'abord une question de tempérament : les pros et les antis ne sont pas la même sorte de gens... Le pro est, parmi les hommes de science s'entend (il n'en manque pas, contrairement à ce que disent les antis), un esprit inquiet ou aventureux, ce qui est à peu près la même chose. Pour lui l'univers n'est pas fermé, la science n'est pas finie, un épais mystère nous entoure dans de nombreux cas. Peut-être a-t-il aussi l'esprit taquin, et saper les certitudes un peu trop rutilantes de certains collègues l'amuse-t-il considérablement; il cultive aussi les sujets maudits, par exemple, il s'intéresse aux ovnis et à la vie extraterrestre : je me suis aperçu qu'on pouvait faire un test très amusant; les pros trouveraient très drôle que l'on découvre une forme de vie sur la planète Mars, les antis entrent en fureur à cette seule idée...

Les antis aiment la stabilité; ils conviennent bien sûr que la science n'est pas finie et que beaucoup de questions restent ouvertes; ce sont très souvent des hommes de science tout à fait respectables; mais ils ne croient pas vraiment que la science puisse changer toutes les perspectives et les hypothèses dont nous nous régalons depuis tant d'années (bien que pourtant la révolution des quanta aurait dû les avertir justement de la possibilité de changements complets de perspectives, même en physique); mais cela n'explique tout de même pas la rage avec laquelle ils s'opposent aux pros, les injures qui fusent très rapidement à leur adresse, et la menace très précise d'exclusion de l'Université qui pèse sur les personnes qui pencheraient vers les « fausses sciences » comme ils disent... Je crois qu'ils se sont enfermés dans un système qui les rassure, le bon vieux rationalisme du XIXᵉ siècle; ils s'y sentent fort à l'aise, bien que l'atmosphère y semble bien confinée pour tout individu normal : alors l'intrusion de théories ou de faits dérangeants leur donne l'impression d'un courant d'air glacé. Personne n'aime à voir ses certitudes battues en brèche.

Alors ils se sont constitué un système de défenses qui repose pour l'essentiel sur le raisonnement du philosophe Hume : on l'appelle « le piège de Hume ». Le voici :

« Aucun témoignage n'est suffisant à établir un miracle, à moins qu'il ne soit tel que sa fausseté serait encore plus miraculeuse que le fait qu'on tente d'établir... La traîtrise et la folie des hommes sont telles que je croirais plutôt aux événements les plus extraordinaires naissant de leur concours que d'admettre une violation des lois de la nature » (*An Enquiry on Human Understanding,* 1748).

Ce qui me paraît d'une bien grande naïveté, et revient à exprimer d'une manière pompeuse un simple parti pris. En effet :

• dans aucun cas, le miracle y compris, les lois de la nature ne sauraient être violées : si je vois une pierre s'élever dans les airs, je ne dirai nullement qu'elle viole les lois de la pesanteur, mais qu'une force antagoniste les empêche de s'exercer;

• d'ailleurs, nous n'avons pas la liste complète des lois de la nature; la supposer complète reviendrait à admettre que notre science est finie, ce qui est une énormité;

• supposer une tricherie dans toutes les expériences ou les résultats qui vous déplaisent, revient simplement à dire : je ne veux pas admettre ceci ou cela; c'est une position inattaquable, mais *elle procède d'un blocage affectif et non d'une attitude intellectuelle raisonnable;*

• persécuter ceux dont les expériences vous importunent (ce qui n'est pas rare dans les sciences, hélas, et pas seulement en parapsychologie) nous ramène ni plus ni moins qu'aux plus sombres époques de l'Inquisition.

Là-dessus quelle est ma position? Elle est fort simple; j'ai eu l'occasion, comme je le dirai plus loin, de vérifier moi-même pendant plusieurs années les principaux résultats allégués par Rhine : les expériences ont eu l'impertinence de réussir. Il est vrai que je suis comme tout homme, accessible à l'erreur; mais dans ces conditions, je suis par contre évidemment inaccessible à l'accusation de fraude, d'autant plus que dans beaucoup de ces expériences j'étais moi-même le sujet et en même temps l'expérimentateur.

En un mot, j'ai fait ce qui doit toujours se faire dans les sciences quand, dans le tintamarre des opinions opposées, les uns jurent qu'ils ont vu ceci, alors que les autres protestent qu'ils n'ont vu que cela : il faut tout simplement, pour asseoir son opinion, refaire les expériences soi-même ; il n'existe pas d'autre moyen d'en avoir le cœur net.

En France, j'ai été le seul à en prendre la peine, pendant des années, je le répète : j'ai donc le droit de parler un peu plus fort qu'un autre.

Je n'ignore nullement qu'ailleurs des expérimentateurs fort honnêtes, ayant repris ce type d'expériences avec une technique tout à fait correcte, n'ont jamais pu obtenir quoi que ce soit : c'est le cas en particulier de mon excellent ami John Beloff professeur de psychologie à l'université d'Édimbourg et d'une personne très connue dans les milieux parapsychologiques anglais, Susan Blackmore ; dans les deux cas, ces personnes connaissaient parfaitement la technique et ce sont des scientifiques éprouvés. D'où vient donc qu'ils n'ont jamais pu rien obtenir ?

D'une particularité bien désagréable de ce type d'expériences : le résultat *dépend non seulement du sujet, mais de l'expérimentateur.* C'est dire que l'expérimentateur A pourra très bien obtenir des succès avec le sujet B et que l'observateur A *bis* en sera incapable. Expérimentateur et sujet forment ici un duo indissociable comme s'ils créaient *à eux deux* une sorte de champ psychique d'où dépend le succès de l'expérience.

Nous allons maintenant reprendre en détail ces

238

différents points; je tâcherai de rendre cette discussion un peu aride la moins fastidieuse possible.

L'étude des « sciences maudites » est toujours aussi prohibée que la sorcellerie au Moyen Age : un jeune universitaire qui s'intéresse à la fonction psy, sauf pour l'exorciser, compromet irrémédiablement sa carrière. On ne le brûlera pas, mais c'est tout juste : et on s'arrangera pour le faire à peu près mourir de faim, en lui refusant toutes les promotions et tous les crédits auxquels en principe il a droit. Même maintenant, alors que je suis un vieux mandarin à la retraite contre qui personne ne peut plus rien, j'ai gardé bien sûr des élèves pour la plupart fort jeunes, qui travaillent avec moi dans les directions interdites, mais je ne dirai jamais leur nom, et dans la mesure du possible, ils signent leurs travaux de pseudonymes. Quand j'étais jeune, j'ai passé quelques mois en stage chez Rhine, et j'ai eu droit en quittant le labo à la photo de groupe à côté du patron. Mais lorsque cette photo a été publiée, j'ai truqué mon effigie en la dotant de lunettes noires et en colorant les cheveux en brun alors qu'ils sont fort blancs. Et mon premier livre sur la parapsychologie a été publié sous le pseudonyme de Pierre Duval. Je me suis payé le luxe d'écrire une préface sous mon vrai nom, où j'admonestais professoralement l'infortuné Pierre Duval, que je décrivais comme un homme petit et très brun, au cheveu rare, le contraire de ce que je suis... Pitoyable, ce genre de plaisanteries, dites-vous? Eh! j'en tombe d'accord. Mais que faire? Je savais trop bien ce que je risquais pour agir autrement.

Nous sommes donc en pleine chasse aux sorcières : nos adversaires ont tout le pouvoir et nous aucun. Il faut s'en accommoder, ainsi que des procédés à la limite de la bonne foi qui sont employés çà et là pour nous combattre. Le dernier est d'une charmante hypocrisie : voilà-t-il pas, raconte Peter Sturrock (fort officiel astronome mais compromis à fond dans les sciences maudites), que le National Research Council, qui dépend de l'Académie des sciences des États-Unis, décide de faire une enquête sur les méthodes d'action psychique qui peuvent contribuer à améliorer les performances humaines; c'est l'Institut de recherches de l'armée qui avait prié l'Académie des sciences d'organiser cette étude, à des fins éventuelles d'applications militaires.

Que fait un comité de ce type? Il engendre automatiquement des sous-comités qui se partagent l'ouvrage et l'un d'eux prit pour thème les recherches psychologiques. Il vint donc visiter le doyen Robert Jahn, à Princeton, dont les recherches célèbres ont abouti ni plus ni moins qu'à l'expérience parapsychologique répétable à volonté, ce qu'on cherchait depuis si longtemps, la quadrature du cercle en quelque sorte (rappelons que Robert Jahn, en dehors de ses curiosités coupables, est un physicien très connu); le sous-comité visita également Helmut Schmidt, le champion et l'initiateur du générateur aléatoire en parapsychologie; et enfin Stanford, où Targ et Puthoff ont exécuté leurs recherches si connues sur la vision à distance.

Suivant l'Académie, « les membres du comité furent choisis pour leur compétence spéciale, sans oublier l'équilibre approprié ». Or, *aucun* des membres du sous-comité n'a *jamais* effectué de recherches sur la fonction psy et le seul membre compétent, Ray Hyman, a toujours été hostile à tout ce qui s'y rapporte...

Tout le monde sait bien qu'on obtient les conclusions qu'on veut suivant la composition d'un comité. Et cela ne manqua pas. Le sous-comité trouva que les recherches de Targ et Puthoff sur la vision à distance « étaient fondées sur un nombre relativement petit d'expériences dont presque toutes souffraient de défauts méthodologiques ». Quant au doyen Jahn et à Helmut Schmidt, voici leur paquet : « Bien que l'analyse indique que les expériences sont significatives... ce qui n'est probablement pas dû à un défaut statistique, cependant toutes ces études s'écartent de la bonne pratique scientifique, d'une grande variété de façons. »

Comme le remarque Sturrock : « Supposez que l'étude n'ait pas été en rapport avec " l'amélioration des performances humaines " mais avec les sciences de l'espace. Supposez qu'un des items majeurs ait été l'exploration des planètes et supposez qu'aucun des membres du comité n'ait jamais été impliqué dans les recherches sur les planètes ; et que le président ait été une personnalité connue pour son hostilité à toute recherche planétaire. Il est vraisemblable qu'alors le comité aurait recommandé l'interruption de toute recherche sur les planètes... » Encore une fois, des conclusions préparées d'avance et qui ne convaincront que ceux qui veulent bien être convaincus...

Comment psy pourrait s'en sortir ?

On pourrait probablement rendre les résultats plus constants, soit en recourant à des modèles vivants autres que l'homme, soit à des modèles physiques, comme précisément le fameux générateur aléatoire. Il y a eu quelques tentatives dans ce sens, comme les expériences de Duval (alias moi-même) et Montredon sur la précognition chez les souris ; celles surtout de

241

Schmidt sur le « chat de Schrödinger » où la fonction psy aidée d'un chat a servi à résoudre un célèbre paradoxe de la mécanique quantique; mes propres expériences sur les souris et le tychoscope de Janin; et surtout celles, très étonnantes, de Peoch sur les réactions des poulets au même tychoscope (voir plus haut).

Il faudrait aussi *changer les techniques*. Le diable a voulu que Rhine, le créateur de la parapsychologie moderne ait travaillé avec la technique *du choix forcé,* c'est-à-dire du choix d'un certain nombre de cartes déterminées à l'avance : or cette technique, si elle est très bien appropriée au calcul statistique, est probablement la moins sensible, la plus ennuyeuse et la moins pratique des techniques d'étude de la fonction psy. De même en psychocinèse, et je l'ai déjà écrit auparavant, l'histoire des jets de dés (et même en un certain sens, le générateur aléatoire) n'a que des effets bien petits comparés aux procédés immémoriaux de l'ancienne métapsychique, comme les tables tournantes. Les phénomènes, ici, sont énormes, jusques et y compris la lévitation. Or, depuis Batcheldor, nous savons mettre électroniquement la table à l'abri de toute tricherie et de toute perturbation de l'extérieur, ce qui n'était pas le cas, avec autant de facilité tout au moins, il y a seulement trente ans. Il reste une mine à découvrir dans les bouffées énormes d'énergie qui soulèvent parfois les plus lourdes tables et surtout quant à leur origine.

Rencontre avec les fanatiques

Que pensez-vous de l'histoire suivante qui s'est passée en Amérique? Un professeur très connu veut

monter une expérience de parapsychologie bien contrô-
lée. Le projet est compliqué et nécessite force ordinateurs et force calculs puisque c'est l'ingrédient obligatoire de toute recherche américaine. On publie les
résultats : ah quelle disgrâce! Ils étaient fortement
positifs... Et les expérimentateurs de triompher pendant que leurs détracteurs avaient la mine basse. Mais
quelques jours plus tard, coup de théâtre : les résultats
avaient été truqués, par deux comparses envoyés par
un prestidigitateur, Randi, qui aux États-Unis s'est
constitué le pourfendeur attitré des « fausses sciences »
comme il dit. Ces deux comparses s'étaient proposés
comme des aides bénévoles, intéressés par ce type de
recherches et les expérimentateurs les avaient évidemment acceptés : qui donc, dans le contexte impécu-
nieux où vit la parapsychologie, refuserait une aide
bénévole? Un soir, ayant remarqué qu'une des fenêtres
du labo n'était pas fermée, alors que la porte était
fermée à clé, ils s'introduisirent par cette fenêtre,
manipulèrent les ordinateurs et « améliorèrent » les
résultats...

Randi s'attendait à ce que tout le monde rie de la
plaisanterie et de la naïveté des parapsychologues.
Mais il n'obtint point le succès qu'il escomptait car
ce qu'il avait manigancé fait partie des coups interdits
par l'éthique des gens de laboratoire. Les expérimentateurs avaient pris leurs précautions en fermant la
porte, mais personne n'aurait pensé à la fenêtre! Dans
les laboratoires on n'a probablement jamais pénétré
par une fenêtre dans le but de faire une farce à un
collègue; ou, pis, d'en faire l'objet de la risée publique.
Tout au plus peut-on taxer les chercheurs d'impru-
dence pour avoir engagé des aides qu'ils ne connaissaient pas (mais qui avaient trouvé le moyen de se

La fonction psy

faire recommander!). Et finalement, l'association des magiciens américains présenta ses excuses aux chercheurs ainsi dupés et stigmatisa la conduite de Randi.

Voilà qui est honnête et réconfortant : mais que croyez-vous que firent les membres de la secte rationaliste? Ils rirent le plus fort qu'ils purent et se moquèrent de leur mieux de leurs malheureux collègues. Comme quoi le fanatisme fait oublier l'honneur : qu'eussent-ils pensé si on leur avait joué le même tour? Mais dans le contexte de hargne où leurs cerveaux macèrent, tout est bon pour écraser l'infâme, autrement dit la parapsychologie...

Les mêmes mésaventures ne m'advinrent point car j'ai en ces matières la prudence du serpent : point de démonstrations publiques, point de tours de force, les phénomènes psy ne se manifestent pas comme cela; de plus à quoi bon essayer de convaincre ceux qui ne veulent pas être convaincus?

Et c'est rigoureusement sans issue raisonnable. A moins que... comme j'avais tenté sans succès de le faire entendre à Rhine, la science vise essentiellement non seulement la compréhension du monde, mais l'action : elle veut agir sur lui, le modifier, réaliser des expériences qui marchent. Que serait la physique si on ne pouvait l'utiliser dans la fabrication des automobiles?

Si la parapsychologie avait des applications, toutes les objections tomberaient d'elles-mêmes.

Or elle en a, nous l'avons vu.

Susan Blackmore a des idées noires...

Cette personne très connue au sein de la Society for Psychical Research de Londres et qui est très liée

244

avec la plupart de ses membres doit traverser une phase de dépression, car elle vient de commencer un article dans un numéro du journal de la société, par ces mots : « Psychical Research has failed », « la recherche psychique, c'est raté » !

Et quoi donc a poussé Sue, comme l'appellent amicalement les honorables membres de la société, à prendre les choses au tragique? Quelle mouche l'a piquée?

D'abord, elle a eu elle-même des expériences paranormales, comme la sortie hors du corps : et c'est ce qui l'a décidée à faire de la recherche psychique. Mais elle a essuyé une série d'échecs, coup sur coup et dans des directions différentes. Ce qui l'a poussée à admettre que la recherche psychique n'existait pas...

Son opinion mérite d'être prise en considération, car à la différence de la plupart des critiques de la parapsychologie, Sue connaît très bien le sujet. Elle parcourt donc l'histoire déjà longue de la parapsychologie moderne pour constater que les progrès ont été bien lents et que nous sommes encore loin de l'expérience répétable, but de la science.

Avant de poursuivre je voudrais m'arrêter un instant sur cette assertion qui me fait enrager : *le mythe de l'expérience non répétable*. J'ignore pourquoi tout le monde adhère à ce mythe, et Sue la première puisqu'elle dit cyniquement : « La seule chose répétable dans psy, c'est sa non-répétabilité! » L'humour anglais m'amuse beaucoup, mais soyons sérieux : *psy est parfaitement répétable* mais il faut ajouter aussitôt, pas par n'importe qui, pas n'importe quand. J'ai voulu recommencer les expériences de Rhine, j'y ai parfaitement réussi, mais il m'a fallu beaucoup de temps, à cause justement de l'instabilité de psy. Psy n'est pas *répétable sur une base statistique* parce que nos techniques sont trop grossières et que le bruit de fond, comme on dit, est encore bien trop grand. Maintenant, il est vrai qu'il n'est pas répétable par n'importe qui : le cas de Susan Blackmore n'est pas isolé. Je connais plusieurs parapsychologues fort distingués qui n'ont jamais pu réussir une seule expérience. *Psy est une question de personne* non seulement de la part de l'expérimentateur, mais aussi bien entendu de la part des sujets. Lorsque je refis les expériences de Rhine avec mes dix-sept neveux et nièces, les différences individuelles étaient évidentes, et il n'y avait guère je l'ai dit que deux enfants véritablement plus doués que les autres.

Et puis, ce débat n'est-il pas dépassé? A cause des expériences du doyen Jahn justement, dont il sera question plus loin. Jahn travaillait sur la psychocinèse ou plus exactement sur la faculté qu'ont certaines personnes d'influencer des dispositifs aléatoires. Ces expériences sont atrocement monotones : et justement, Jahn surmonta cet obstacle très grave et qui « démotive » très vite les sujets, en ne faisant durer les essais que quelques secondes pendant lesquelles l'ordinateur présente, par exemple, 500 ou 1 000 alternatives qui sont aussitôt enregistrées, avec les résultats de la psychocinèse éventuelle. Et le sujet, éberlué, se retire avec l'impression d'avoir fini avant d'avoir commencé! Mais grâce à cette idée simple, Jahn a cent mille résultats là où ses prédécesseurs en avaient cent, et psy devient répétable... : l'obstacle, c'était l'ennui...

Susan Blackmore ne rend pas, à mon avis, justice à Rhine... Il faut se rendre compte des difficultés des précurseurs et savoir qu'au début, ils ont, immanquablement, tout le monde contre eux... Il a déblayé le terrain. Mais le diable a voulu qu'il choisisse la méthode des choix forcés, c'est-à-dire les choix limités aux cartes de Zener, ce qui est bien commode pour l'expérimentateur, qui peut commodément établir ses statistiques : mais on s'est aperçu par la suite que c'était probablement la plus mauvaise méthode pour traquer psy dans ses retranchements! Je crois, encore une fois, qu'il faut voir là un défaut propre à la psychologie expérimentale : sa méthode est sérieuse, ses calculs impeccables, mais ses résultats minuscules et ses applications petites et problématiques, parce que l'expérience fait fi du sujet; *ce n'est pas ainsi qu'il fonctionne.* Il suffit de comparer avec la fécondité de la méthode éthologique qui, en peu de temps, par l'observation des singes en liberté a renouvelé toute la sociologie animale et est en passe de changer la sociologie humaine...

Quant à la principale objection de Susan, sur laquelle elle insiste lourdement, je n'en vois pas l'intérêt : psy ne se définit que par *ce qui n'est pas* transmissible par les autres organes des sens; définition négative, dit Sue, c'est de là que vient tout le mal. C'est une objection de théoricien et non de praticien. Chère Susan, l'expérimentateur se moque bien de l'épistémologie et des théoriciens de la science : il fonce d'abord et ce n'est qu'ensuite qu'il se demande comment il a pu arriver là. L'imagination créatrice a infiniment plus d'utilité dans les sciences que les théories a priori. Je suis là-dessus pleinement de l'avis de Feyerabend : tout est bon si cela marche; et tant pis si ce n'est pas logique. La logique viendra après. Ce qui importe, c'est d'agir, d'avancer.

Passons maintenant à la liste des espoirs déçus, toujours suivant Susan : par exemple, la manipulation de psy au cours des états altérés de conscience avait, selon elle, donné beaucoup d'espoirs qui ont été déçus. De même pour le Ganzfeld; cette technique qui consiste à faire une sorte de vide sensoriel dans le sujet en cours d'expérience.

Sans doute : mais, à mon avis, l'explication est simple et ce n'est qu'un demi-échec. D'abord, nous ne sommes pas si renseignés que cela sur les états altérés de conscience; je dirai même que nous en sommes au début : alors l'application à psy me paraît quelque peu prématurée. Quant à l'isolement sensoriel, on sait à peu près comment il doit se pratiquer : le sujet se trouve dans un bain salin qui annule son poids et qui est à la température de son corps; même son visage est sous le liquide et il respire à travers un masque. Le caisson d'isolement est rigoureusement insonore, et l'impression est si nouvelle que certains sujets ne peuvent la supporter et ont des hallucinations très curieuses (probablement, à mon avis, des influx télépathiques non reconnus).

Il s'agit donc d'une technique lourde et compliquée qui n'a été que très peu employée en parapsychologie. La technique du Ganzfeld est considérablement plus simple. Le sujet a les yeux recouverts d'une demi-balle de ping-pong éclairée par une lumière rouge diffuse. Et on lui fait entendre un « bruit blanc » assez faible. On considère ainsi que ses sensibilités oculaire et auditive sont plus ou moins saturées ou mises en sommeil. Cela n'est pas tellement démontré ni surtout très clairement défini; en tout cas les différences avec l'isolation sensorielle complète, telle que je viens de la décrire, me paraissent considérables. De plus, telle qu'elle a été pratiquée la technique du Ganzfeld a donné tout de même des résultats parfois surprenants; mais l'état sensoriel particulier, quelque peu comparable aux hallucinations hypnagogiques [1] que produit cette technique, ne se déclenche qu'au bout d'au moins vingt minutes; or dans toutes les expériences qui ont réussi, le Ganzfeld était maintenu entre vingt-cinq minutes et une demi-heure avant de commencer l'expérience. Et dans toutes celles qui ont échoué, le Ganzfeld avant l'expérience n'a duré qu'une vingtaine de minutes maximum. Ce qui explique peut-être l'échec.

Bah! je ne vois rien dans tout cela qui justifie le pessimisme de Susan Blackmore. Il s'agit de vicissitudes d'une technique à son début. Rhine a créé la parapsychologie moderne, mais en même temps il l'a rigidifiée et l'a engagée dans une voie peu rentable, celle des choix forcés. A l'heure actuelle les techniques nouvelles explosent un peu dans tous les sens. Une avance énorme a été la création du générateur aléatoire. Une autre, non moins décisive, l'apparition des expériences répétables à volonté. Une troisième consistera sans doute dans une détermination précise des états cérébraux qui conditionnent la faculté psy.

Il n'est que d'avancer encore une fois, et les raisons d'espérer ne manquent pas.

---

1. On appelle état hypnagogique (de deux mots grecs qui signifient « qui mène au sommeil » ou « qui précède le sommeil ») l'état de relaxation particulier qui se produit juste avant le sommeil et qui est caractérisé chez certains sujets par des hallucinations parfois très nettes, le sujet ayant pourtant conscience d'être éveillé.

Deux manuels antagonistes

Lorsque Wolman en 1977 publia son énorme *Handbook of Parapsychology* qui épuise la bibliographie jusqu'à cette date, tous les lecteurs de bonne foi furent impressionnés par les noms des collaborateurs et le sérieux du ton. Les articles sont inégaux, je le veux bien, comme toujours dans ce genre d'ouvrage. Il n'en reste pas moins que la somme des travaux auxquels il est fait allusion est ahurissante [1] et dans l'ensemble leur qualité certaine. Je dirai que, pour le lecteur non prévenu, après la lecture du *Handbook* (967 pages!) la fonction psy s'impose comme un fait scientifique, difficile à manier sans doute, mais un fait véritable.

Ce n'est pas l'avis de Paul Kurtz. Pour les lecteurs européens, quelques mots de présentation ne seront pas inutiles. C'est un philosophe ou présumé tel, un homme d'affaires, et un esprit très religieux. Il bondirait en me lisant, mais la ferveur qu'il apporte à poursuivre le paranormal et la voracité qu'il déploie à anéantir les parapsychologues sont d'un esprit typiquement religieux : c'est une croisade, dirigée par un bigot. Il publie un journal, *The Skeptical Inquirer* (l'enquêteur sceptique); il est enfin P-DG des Prometheus books, collection destinée à pourfendre les affreux qui ne pensent pas comme lui [2]. Alors le pavé de Wolman lui donne

---

1. Kelly, revoyant en 1987 la bibliographie sur les générateurs de hasard et les effets psychocinétiques, trouve 256 titres!

2. Ajoutons pour compléter le tableau que Kurtz dirige aussi le CSICOP (Committee for scientific investigation of claims of the Paranormal) que l'on appelle facétieusement le PSI-COP à

la fièvre et il sort en 1985 *Skeptic's Handbook of Parapsychology* à peine moins gros que le Wolman, et qui mérite tout de même d'être lu.

D'abord, pour faire montre d'impartialité, Kurtz fait appel à quelques parapsychologues connus, comme mon ami John Beloff. Ensuite, plusieurs chapitres sont rédigés sérieusement et font montre d'une connaissance réelle du sujet ce qui est rare chez les contempteurs de la parapsychologie, même si les faits défavorables sont seuls cités (mais cela, c'est habituel).

Le problème des grands médiums du passé

Naturellement le cheval de bataille de Kurtz est l'histoire passée du spiritualisme et des grands médiums, Eusapia Paladino, Home et tant d'autres. Ce qu'ils faisaient était tout à fait incroyable : par exemple, dans le cas de Home, les lévitations étaient fréquentes, et cela en plein jour, devant n'importe quelle assistance, y compris parfois des sceptiques avérés. De lourdes tables se soulevaient toutes seules et flottaient au-dessus de la tête des assistants en plein jour, je le répète, et cela dura des années. De même pour Eusapia Paladino, et quelques autres.

Je ne suis pas disposé à discuter à fond le problème et je trouve que Kurtz perd beaucoup de temps à le faire. Parce que tous les procès de ce genre remontent à une époque où la photographie était assez incommode et exigeait un matériel encombrant. Le cinéma n'était pas

---

cause de la hargne avec laquelle cette organisation poursuit tous ceux qui s'occupent de la fonction psy... (En argot américain un « cop » est un agent de police...)

inventé. Par conséquent on est forcé de s'en rapporter au témoignage humain, et chacun sait qu'il est faillible.

Qu'on ne se méprenne pas : je ne veux pas dire qu'il ne faut pas y accorder la moindre confiance! Après tout beaucoup de procès criminels sont débrouillés couramment avec le témoignage humain et les policiers arrivent quand même à trouver le coupable dans un nombre raisonnable de cas! Et il est absurde de récuser le témoignage quand un fait extraordinaire surgit, et qu'il est attesté par des témoins raisonnables et dignes de foi. Le piège de Hume n'est après tout qu'un raisonnement mal bâti sur des prémisses erronées.

Mais tout de même... Si bien disposé que je sois je me demande s'il n'existe pas une autre explication plus inquiétante.

Je déjeunais un jour entre un amiral et un général; cela ne m'était jamais arrivé auparavant et ne m'arriva plus depuis. Aussi est-ce resté gravé dans ma mémoire; ils me traitèrent d'ailleurs avec bonté, bien que je leur eusse avoué que je n'avais jamais dépassé le grade de soldat de seconde classe. Mais l'amiral me raconta une étrange histoire :

« J'étais avec mon bateau à Port-Saïd où nous attendions des ordres, en nous ennuyant ferme. Voilà une sorte de fakir qui arrive sur le quai, et j'entends quelques minutes après mes marins qui crient : " commandant, venez donc voir ce qu'il fait! " Il avait posé à terre à plat un rouleau de cordes et jouait de la flûte : le bout de la corde se dressait en se balançant, comme un serpent. J'ai bondi dans ma cabine où j'avais comme par hasard une caméra chargée et j'ai filmé. Puis j'ai fait développer le film...

– Et vous avez vu sur le film les gens qui regardaient

en l'air, pendant que le rouleau de cordes n'avait pas bougé.

– Bien sûr? Comment le savez-vous?

– Il paraît que le tour de la corde est tout à fait banal en Orient et plusieurs personnes ont déjà fait la même observation en s'aidant du cinéma. »

Or c'est extrêmement grave. *La conclusion minimale qu'on est forcé de tirer, c'est que certaines personnes, sans aucune manœuvre préalable, sont capables d'hypnotiser n'importe qui et de faire voir ce qu'elles veulent...* Je dis que c'est encore plus grave et plus inquiétant que si Home avait exécuté de véritables lévitations (je ne conclus pas que les lévitations d'une table, par exemple, n'ont jamais été observées, puisqu'elles ont été photographiées et même cinématographiées par Batcheldor).

Je ne suis pas le premier à supposer qu'il a pu s'agir d'hypnose dans le cas des grands médiums. D'autre part, Thurston, dans son livre magistral sur les phénomènes physiques du mysticisme, relate des cas d'élongation du corps, le sujet couché à terre augmentant très nettement de longueur sous les yeux de plusieurs témoins. Comme c'est physiologiquement tout à fait impossible, reste l'hypothèse probable de l'hypnose.

L'obsession de la tricherie

Il serait bien plus intéressant de discuter les cas modernes, comme ceux d'Uri Geller et Girard pour lesquels nous avons toute la documentation possible. Or l'objection sur laquelle Kurtz revient avec une monotonie obsessionnelle est la suivante : tous ces médiums, les anciens et les modernes, ont-ils triché? La réponse est oui, certes, cela est arrivé assez souvent. Ont-ils été démasqués? Bien sûr et dans les trois quarts des cas (ce que Kurtz oublie de dire) *par les membres des sociétés de recherches psychiques eux-mêmes* que cela n'amusait pas, on peut le croire, mais qui n'ont jamais cessé d'être honnêtes. Ergo, dit Kurtz, qui a triché trichera et on ne peut donc faire confiance aux médiums. Et c'est là que le mécanisme dialectique se grippe.

Il n'est pas question, il n'a jamais été question de faire confiance aux médiums. Il faut d'abord bien se rendre compte de leur personnalité particulière; ce ne sont nullement des hommes de science : dans les cas de Geller et de Girard, ce sont plutôt des hommes de spectacle, et Geller, qui est prestidigitateur, s'est produit plusieurs fois sur des scènes de music-hall. Et au fond d'eux-mêmes, ce qui les intéresse, c'est d'étonner les gens et si possible de contempler une salle entière qui les applaudit. *Ils ne considèrent pas du tout une fraude comme un péché mortel, ni ne se croient déshonorés parce qu'ils l'ont commise...* Et ils prennent les hommes de science pour des maniaques. Donc à rien ne sert de les chapitrer, il faut prendre de telles précautions que toute tricherie soit impossible.

Je dirai tout de suite que ces précautions ont été prises pour Geller lorsque ses capacités de déformer le métal ont été étudiées par le service de recherches de la Marine américaine. Mais j'ai plus de détails sur le cas de Girard étudié par mon savant ami M. Crussard et son collaborateur M. Bouvaist. On a demandé à Girard de courber des éprouvettes d'un métal particulier (je rappelle que les métallurgistes appellent « éprouvettes » des barres de métal de longueur et diamètre variables, mais généralement assez réduites). Dans le cas qui nous occupe, le métal était celui qui a servi à monter la coque de « Concorde ».

Sur cette éprouvette était fixée avec une colle très forte prenant sur métal (résine époxy) ce qu'on appelle une « jauge de contrainte », c'est-à-dire un montage qui a la propriété, lorsqu'on le déforme, de faire varier un courant électrique enregistré un peu plus loin par un oscilloscope.

Girard entre dans la salle pour la première fois, le montage étant terminé; bien entendu on ne le laisse pas seul et il ne peut y toucher en dehors des instructions qui lui sont données. C'est à ce moment et avant même que la barre ne se déforme, que la « jauge de contrainte » montre qu'il se passe quelque chose (d'ailleurs nous verrons plus loin que plusieurs expérimentateurs se sont servis de la jauge seule, puis d'un dispositif piézo-électrique pour enregistrer l'effet psy). Naturellement, on réserve des témoins, et non moins naturellement, l'éprouvette est marquée d'un signe invisible. Dans ces conditions comment peut-on escamoter une barre métallique reliée à un oscilloscope par des circuits électriques et des jauges solidement collées?

Cela nous ramène aux défis mille fois lancés par des prestidigitateurs et auxquels on a mille fois répondu : tout prestidigitateur peut faire ce que font les sujets des parapsychologues, c'est vrai; il peut même faire beaucoup mieux! Mais, et c'est là l'essentiel, *pas dans les conditions des expériences.* Et c'est ce dont conviennent de bonne grâce les praticiens de bonne foi et sans fanatisme, à la différence des autres Randi qui, sous prétexte qu'il est « magicien », prend sa lutte contre les parapsychologues pour une croisade.

Kurtz termine en proposant un défi : vous tenez pour la fonction psy, leur dit-il, pourquoi ne pas demander aux plus déterminés sceptiques que vous pourrez rencontrer de décider des conditions de l'expérience la plus sérieuse, la plus impossible à frauder qu'on puisse imaginer, faite par des expérimentateurs neutres? Il se plaint qu'on ne lui ait jamais répondu. C'est pour plusieurs raisons :

• des expériences de ce type ont déjà été faites un grand nombre de fois : par exemple, celles du doyen Jahn, les plus récentes, qu'aucun critique n'est encore parvenu à démolir;

• dans beaucoup de ces expériences l'opérateur travaille à l'aveuglette, c'est-à-dire que ni l'expérimentateur ni le sujet ne savent ce qu'il faut trouver : par exemple, les expériences de Targ et Puthoff sur la vision à distance;

• mais exiger un expérimentateur neutre, c'est-à-dire indifférent ou hostile à ce qu'il fait, ne peut guère être admis. C'est nier tout ce que nous savons en parapsychologie, à savoir que l'opérateur fait partie de l'expérience.

Enfin, ajouterai-je, même si une expérience, aussi bien conçue soit-elle, réussissait, il existerait toujours un fanatique pour déclarer qu'il y a eu fraude, et pour refuser d'admettre le résultat [1].

_____

1. C'est arrivé à Gauquelin lorsqu'il a prouvé par la statistique que le ciel de naissance des militaires, par exemple, n'était pas le même que celui des médecins ou de quelques autres professions. Cet horrible résultat a été vérifié par le CSICOP et par le comité belge similaire. Ils n'y ont pas trouvé d'erreurs mais ont toujours refusé de publier leur vérification car elle aurait légitimé, paraît-il, l'astrologie. Ce qui aurait bien étonné Gauquelin, pour lequel ses calculs, s'ils prouvaient qu'il y avait bien quelque chose de vrai dans l'astrologie, ne légitimaient pas du tout les extrapolations folles des astrologues commerciaux.

Évaluation

La parapsychologie et la psychologie expérimentale sont deux sœurs ennemies qui partagent pourtant la même erreur

Je m'excuse du caractère peut-être un peu technique de ce qui va suivre, mais il faut entrer dans le détail pour bien comprendre l'impasse dans laquelle se sont fourvoyées non seulement la parapsychologie, mais sa mère la psychologie expérimentale.

Il y a bien longtemps de cela, plus d'un demi-siècle, certains psychologues comme Loeb, Jennings ou Watson se rendaient compte que la psychologie animale n'était qu'un tissu d'anecdotes ou d'histoires de chasse, sans aucune valeur scientifique, ni rien que l'on pût vérifier. Ils décidèrent donc qu'il fallait forcer ce tissu d'à-peu-près à entrer dans le moule scientifique et, pour cela, bannir impitoyablement les anecdotes (ils ne pensèrent jamais apparemment qu'on pouvait donner aux observations dans la nature un tour scientifique, et c'est ce que réussirent plus tard les éthologistes).

D'abord, affirmèrent-ils, fuyez comme la peste le milieu naturel, parce qu'il est incontrôlable et que les observations ne sont jamais reproductibles dans les mêmes conditions. Il faut à toute force se confiner dans les murs du laboratoire et n'en plus sortir. Ensuite, bien se garder de proposer aux animaux une situation complexe où ils sont exposés à une foule de stimuli, comme dans la nature : la situation expérimentale sera au contraire aussi dépouillée que possible, et les stimuli à étudier introduits un par un. Enfin, il ne sert à rien de s'intéresser à une foule d'animaux : mieux vaut se confiner à quelques-uns qui ne tarderont pas alors à être parfaitement connus, comme le rat blanc des laboratoires.

Tout ceci paraît raisonnable et conforme à la saine méthode scientifique. Mais regardons-y de plus près.

D'abord l'environnement pauvre et monotone, quand il est présenté à un jeune individu, induit dans son développement psychomoteur des troubles graves et durables; la machine animale a faim de stimuli : ce n'est point, disait Lorenz, un âne paresseux qui attend le coup de bâton du stimulus, c'est au contraire un cheval fougueux friand de galopades à travers le réel; et l'environnement monotone ne tarde pas à susciter, même chez l'adulte, une prostration générale ou des comportements stéréotypés et maniaques, comme on peut le voir chez les animaux des jardins zoologiques... Mais, hélas, la première démarche – celle qui consiste à construire un schéma logique d'expérience à partir d'une théorie plus ou moins préconçue – a été celle des grands fondateurs de la psychologie expérimentale. On a, par exemple, étudié le comportement du rat dans le labyrinthe : si on le complique de plus en plus, on peut distinguer des niveaux dans les capacités d'orientation des sujets; si on change la récompense donnée à la sortie, on étudie alors la « motivation » : nourriture, boisson, appétit sexuel, qui détermine le sujet à franchir le labyrinthe. Si enfin on supprime tel ou tel des organes des sens du sujet, on va délimiter quels sont les stimuli qui servent au guidage dans le labyrinthe, etc. Le procédé est d'une admirable élégance et d'une très grande fécondité, je le sais pour l'avoir pratiqué moi-même pendant quelques années. De même la fameuse *boîte de Skinner* : ici le sujet, un rat ou un pigeon, est enfermé dans une boîte munie d'un levier; lorsque apparaît un signal, par exemple, une lampe qui s'allume, il doit appuyer sur un levier qui lui donne accès à une récompense : c'est plus facile à utiliser que le labyrinthe et c'est tout aussi fécond.

On compte plusieurs milliers de notes consacrées au rat dans le labyrinthe ou dans la boîte de Skinner, notes que personne sans doute n'a lues dans leur entier (et c'est tant mieux!).

Mais un jour, les services sanitaires de la ville de New York, préoccupés par la pullulation des rats, envoient une députation au professeur Skinner qui savait tout sur le rat, c'est bien connu. Que pourraient-ils faire? Et Skinner leur remet un énorme paquet de brochures, en leur disant : tout est là-dedans.

Les braves fonctionnaires se plongent dans les savantes publications. Pas très longtemps; il ne leur faut que quelques jours pour se convaincre qu'il n'y a pas là-dedans l'ombre d'une réponse à la question essentielle : comment se débarrasser des rats?

Il fallut engager une équipe de biologistes qui reprit le problème de zéro en commençant par étudier non point le comportement du rat blanc dans sa boîte, mais celui du rat d'égout en liberté dans les docks de New York. Ils découvrirent une foule de faits très intéressants et complètement inconnus, comme la raison pour laquelle il est si difficile de détruire le rat à l'aide d'appâts empoisonnés. Et on finit par conclure que Skinner avait étudié non point le comportement du rat en général, mais le comportement du rat albinos, élevé très artificiellement en dehors de son milieu naturel et soumis à des situations qui ne peuvent avoir pour lui la moindre signification. Naturellement dans ces conditions il va se comporter : un organisme vivant présente toujours une certaine mobilité, un certain comportement, un Esquimau transporté au milieu du Sahara se comporterait lui aussi, mais qu'apprendrait alors sur l'Esquimau un observateur martien? Rien *d'utilisable, rien qui ait un sens.* N'est-ce point *à cause de ce mépris de l'animal et de ses conditions de vie réelles que la psychologie expérimentale a fait si peu de progrès?* Car enfin, depuis un demi-siècle que l'on soumet les rats – et aussi les sujets humains! – à des expériences minutieusement contrôlées où sont donc les progrès de la psychologie? Ici rien qui ressemble au transistor, à la fission nucléaire, au voyage dans la lune... Actuellement en ce qui concerne le sujet humain tout au moins, une injection de la drogue convenable a souvent beaucoup plus d'effet que l'intervention du psychologue. Et c'est parce que ce dernier ne se fonde pas d'abord sur l'observation méthodique et détachée, mais qu'il est beaucoup plus friand de confirmer des théories a priori.

A quoi rime, dira-t-on, cette attaque contre la psychologie? Eh! c'est que les trois quarts des parapsychologues américains étaient adeptes des méthodes de la psychologie expérimentale, quand ils n'étaient point psychologues eux-mêmes. Ils ne concevaient les expériences que suivant un modèle rigide, dans un environnement rigoureusement contrôlé, avec le nombre des simuli réduit au minimum, et, qui plus est, exclusivement avec des sujets humains, tout de même plus difficiles à manier que des rats!

Et cela donna des résultats : les méthodes de la psychologie expérimentale sont d'une fécondité immanquable. *Et comme toujours, les résultats furent aussi minuscules que nombreux.* On obtint « l'effet psy » à la limite de la signification statistique le plus souvent, et on s'ingénia en vain à le grossir...

Pour être équitable, je conviens que les chercheurs s'aperçurent tout de même d'un défaut des tests : ils sont d'une monotonie insurmontable. On ne peut impunément faire deviner des cartes des centaines de milliers de fois, dont souvent plusieurs milliers de fois à un même sujet. Personne ne peut s'intéresser à des situations pareilles; et on a cherché des approches plus « naturelles » du phénomène, comme dans la vision à distance de Targ et Puthoff : ce que la statistique perd peut-être en rigueur, est regagné du côté de l'intérêt du sujet, les tests deviennent passionnants, et les résultats importants s'accumulent (voir plus loin).

C'est donc un grand progrès : observer les sujets dans l'environnement et avec les problèmes qui leur plaisent, et non pas eu égard exclusivement à ce qui plaît à l'expérimentateur. Et il existe bien d'autres exemples de cette heureuse évolution.

Je me demande finalement si l'approche rigoureuse de Rhine n'a pas été une tentative désespérée pour faire surgir psy dans les conditions qui paraissaient scientifiquement indispensables vers les années 30 : sans se demander si elles étaient vraiment opportunes pour la production du phénomène. L'approche de

Rhine pouvait paraître la seule possible, dans sa tentative de donner de la respectabilité scientifique aux phénomènes psy : mais elle a échoué, et les sceptiques déterminés sont restés tout aussi sceptiques qu'avant (pour la raison qu'il s'agit d'une guerre de religion et non pas d'un débat scientifique).

Et peut-être avons-nous finalement perdu beaucoup de temps.

Mais il existe une autre parapsychologie ?

Et c'est justement l'ancienne qui fut pratiquée en Europe avant que la gloire de Rhine n'éclipsât ces recherches. C'était celle des premiers chercheurs, comme Osty l'explique dans un livre génial et complètement oublié *(La Connaissance paranormale)*. On étudiait alors les gros phénomènes, ceux que l'humanité a toujours connus *et utilisés,* la divination par différentes méthodes, la radiesthésie, les tables tournantes, les médiums divers. Et contrairement à ce qu'on croit et nonobstant le discrédit qu'ont entraîné les fraudes de nombreux médiums, *les résultats n'étaient pas nuls, loin de là.* Ce que Warcollier exprime dans ses livres sur les lois de la transmission télépathique n'est pas bien loin de ce que trouvent Targ et Puthoff, un demi-siècle après. Alors que nous essayons péniblement de mettre en évidence un phénomène de psychocinèse au laboratoire, pourquoi négliger les *énormes phénomènes* qui se produisent dans l'expérimentation sur les tables tournantes, par exemple (surtout maintenant que les techniques électroniques de Batcheldor peuvent nous mettre à l'abri de toute fraude). Il s'agit, en quelque sorte, d'une parapsychologie *naturaliste* qui étudie les phénomènes là et comme ils « veulent » se produire, et non pas comme on voudrait qu'ils se produisent.

A vrai dire, et fort heureusement, bon nombre de praticiens n'ont pas attendu la bénédiction des philosophes pour utiliser pratiquement les vieilles méthodes divinatoires, nous l'avons vu en archéologie, dans la police et ailleurs... Mais dans cette direction qui est la bonne, il reste tant à faire! Tant de rapports sont encore incomplets! Tant de charlatans cherchent à se glisser par là dans nos rangs!

De même existe-t-il une folie plus grande que d'avoir interrompu l'étude de l'hypnose? Au diable les interdits des analystes qui voulaient, en excluant précisément l'hypnose, fonder scientifiquement l'étude de la personnalité humaine! On a vu ce que cela a donné... Est-il un biologiste qui considère la psychanalyse comme une science? Est-elle vraiment autre chose qu'un exercice de style, sauf pour quelques esprits profonds qui en tirent d'étranges choses, comme Jung, sa meilleure élève von Franz et quelques autres?

Enfin je dirai ce que pensent beaucoup d'entre nous : en vérité psy est partout comme l'électricité; c'est une sixième ou septième force à l'œuvre dans la nature, en plus de celles que connaissent déjà les physiciens. Comme l'électricité à son début, qui n'était qu'une bien petite chose, quand pour la mettre en évidence on frottait un morceau d'ambre qui attirait des plumes. Qui eût deviné alors la place qu'elle aurait plus tard? En parapsychologie nous n'avons dépassé que de peu le stade du morceau d'ambre.

Il ne faut qu'un peu d'audace et de bon sens pour aller plus loin...

La fonction psy

Et ne pourrait-on considérer plus sérieusement l'hagiographie, autrement dit la vie des saints sur lesquels existe une littérature abondante? Elle est souvent de valeur nulle du point de vue scientifique, j'en conviens. Mais depuis assez peu de temps, des hommes de science comme Thurston, un jésuite médecin, ont entrepris d'étudier certains points qui paraissent bien établis par des témoignages dignes de foi. Alors psychocinèse, télépathie, précognition surabondent, avec des phénomènes bien plus choquants comme la lévitation et pis encore, la bilocation (le fait de voir un saint homme à des milliers de kilomètres de chez lui alors qu'il n'a pas quitté sa cellule). Hallucinations? bien sûr, mais quand elles se répètent pendant des années et devant des centaines de personnes, comme dans le cas des lévitations de saint Joseph de Cupertino, par exemple, l'hypothèse devient difficile à tenir. Mais, dira-t-on, il s'agit de cas anciens, qui ne se rencontrent plus de nos jours? Erreurs encore : tout ceci continue à se produire, mais l'Église n'en parle pas trop, comme si elle en avait honte; je n'en veux pour preuve que les faits extraordinaires rapportés à propos du Padre Pio et plus récemment l'étude si soigneuse de Laurentin sur la mère de Malestroit (morte en 1951) ou sur Marthe Robin. Ajoutons que tous les hommes de Dieu de toutes les religions présentent les « siddhis », les pouvoirs, comme disent les sages de l'Inde, et qu'ils n'en ont cure : car, disait Thérèse d'Avila, il ne s'agit que de faiblesses du corps qui freinent, si on s'en enorgueillit, la progression spirituelle. Mais ces « faiblesses » intéressent beaucoup le parapsychologue, d'un tout autre point de vue...

Bibliographie sommaire

Un nombre énorme de travaux a été publié sur le sujet. Ils sont malheureusement pour ce qui concerne les publications françaises trop souvent d'un niveau lamentable et bassement commercial...

Un livre très récent d'un niveau honorable : *Parapsychologie,* de Yves Lignon (Éditions Éché à Toulouse, 1988), qui publie également un journal consacré à ces problèmes (Yves Lignon, *Parapsychologie,* Section de Mathématiques Université Toulouse le Mirail, 31058 Toulouse Cedex).

Lignon relève quelques titres de traductions françaises de livres anglais : Targ et Harary : *L'Énergie de l'esprit,* éditions Flammarion, 1985. Krippner : *Science et pouvoir psychiques de l'Homme,* Sand éditeur, 1986, préface d'Ambroise Roux.

Pour les lecteurs qui connaissent l'anglais, on peut se procurer au CNRS les trois journaux de réputation mondiale :
Journal of The Society for Psychical Research (le fameux JSPR, anglais);
Journal of the American Society for Psychical Research;
Journal of Parapsychology.

A recommander particulièrement pour la bibliographie antérieure à 1977 : *Handbook of Parapsychology* de Wolman (Mac Farland publisher, 1977), édition savante pour les personnes de formation scientifique approfondie.

Table des matières

La fonction psy